必読！
いま中国が面白い
Vol.12

シェア経済・キャッシュレス社会・
コンテンツ産業の拡大……

いま中国の真実は

中国が解る40編

而立会 訳

麗澤大学客員教授
三潴正道 監訳

Enchanting Facts About CHINA

日本僑報社

まえがき

　本シリーズも今回で第一二冊目、これほど長くこのシリーズを刊行できましたことは、一重に読者の皆様からの変わらぬご支援の賜物であり、心から御礼申し上げます。

　本シリーズは二〇〇七年に第一巻を刊行しました。ちょうど中国共産党の一七全大会が開催された年で、胡錦濤総書記が二期目に突入した年でした。温家宝首相が日本を訪れ、「氷を融かす旅」という言葉が流行になり、日中関係に雪解けムードが漂った年でもありました。

　しかし、そのムードは二〇一〇年代に入り、無残にも打ち砕かれました。日中関係は尖閣列島国有化問題を契機に暗転し、世界経済もまた、晴れがましい北京オリンピックと同年の二〇〇八年に起こったリーマンショックという大激震に見舞われました。

　その後、二〇一二年の江沢民氏から習近平氏へのバトンタッチ、そしてニューノーマルと言われる経済調整ステップと並行して登場した「一帯一路」政策の展開、情報革命やＡＩを中心とした新産業革命の急展開など、『今、中国が面白い』シリーズは様々な変化とまさに同時進行で歩んできました。

　ただ、このシリーズをフォローしていただいた方は十分ご存知と思いますが、このシリーズが紹介した人民日報掲載の様々な記事や評論や随筆は、日頃メディアでよく紹介される一般的な政治・経済関係の内容ではなく、より庶民にフォーカスしたものを中心としています。社会に起こっている様々な変化、人々の暮らし、人々の思い、さらに中国の伝統文化など、ともすれば日本人に見落とされがちな中国社会の変化や中国人の人情、バイタリティ等を紹介してきました。その一方で、中国が抱えている様々な根深い問題にも目をつむることなくしっかり目配りをしてきました。

一二年間を振り返ってつくづく思うことは、日本の中国に対する見方がいかに不十分であったか、ということです。中国で起こっている重要な変化に対し、また、そこで発せられている様々なシグナルに対し、日本の各方面が「ことごとに」と言ってよいほど、予測・分析を外してきた事実をどう受け止めたらよいのか、どう総括し今後に活かしたらよいのか、この点を我々は真剣に振り返る必要があるでしょう。

いくつか例を挙げましょう。まず、リーマンショックです。それまでアメリカとの貿易を成長の柱にしていた中国にとって、確かにリーマンショックによるアメリカ経済の急ブレーキは大きなダメージでした。日本のメディアはほぼすべてが中国経済が蒙るであろうダメージの大きさとその結果予測を悲観的に報じました。二〇〇八年末に私がネット上で「中国が破綻しない一〇の理由」を書いたとき、誰も賛同しませんでした。しかし、中国は四兆元の経済対策、そして、家電下郷政策、汽車下郷政策などで見事にこの危機を乗り越えました。もちろん、その副作用には悩まされたわけですが、それは後の話です。問題はこの中国の対策とその効果をほとんどの日本人が予測できなかったことです。

その理由は、二〇〇八年当時で農村に自動車道路や電気や電話が九〇パーセント以上、さらにスーパー網がどれくらい行き渡っていたかを正確に掴んでいなかったからです。それが解っていたら、国内消費の喚起で相当程度危機を乗り切ることができることを予測できたでしょう。

次に、リーマンショックに伴う失業者の増加です。この点についても日本では悲観的な観測しかありませんでした。でも、私は八〇年代中期の待業青年が街に溢れた就職難時期と、九〇年代末期の朱鎔基首相による改革で多くのレイオフが生まれた時期が、結果として多くの起業を生み、中国経済の次なる発展の起爆剤になった過去の経験から、この失業者の増加も中国にとっては逆に起爆剤になるかもしれないと思いました。高速道路を革ジャンを着てバイクに乗って故郷に帰る人たち、彼らは無一文ではなく、沿海部で稼いだ小金を持ち、さらに技術と知識を持って故郷へ帰っていきました。それまで帰郷して起業して欲しいと報奨金をつけても帰ってこなかった人たちが大量に帰省したのです。政府もそれに合わせ、地方金融システムの整備に乗り出しました。これが地方産業を育て、地方の発展、消費市場への成長を促したのです。

第三に知財権問題や環境問題や中医学の振興といった問題です。これらはいずれも温家宝首相の下で当時の呉儀副首相などを中心に二〇〇三年以降精力的に進められましたが、その進展に関する正しい理解が日本側に欠け、タイムリーな対応を怠った故にいずれの分野でも後手後手に回り、今になって対応に苦慮しているわけです。

知財権問題では、確かに二〇一〇年ころまでは掛け声倒れに見えましたが、二〇〇七年以降、専門職の養成を精力的に進め、体制が整うと二〇一〇年ころから一挙に知財権強国を目指す積極戦略に打って出ました。その速さに日本側は意識がついていけず、逆につけ込まれもしました。環境問題も同様です。二〇〇五年ころに環境汚染が急速に進み、日本にも援助を要請しましたが、リーマンショック後しばらく、環境問題より経済成長の維持が優先し、ブレーキがかかっていました。しかし、最近のPM二・五などの待ったなしの環境問題に対する取り組みは、行政改革も含め、猛スピードで展開されていますし、環境技術の導入と育成にも拍車がかかっています。そこを見逃すと、五年後くらいには腰を抜かすでしょう。

すでに腰を抜かしているのが中医学かもしれません。未病という途方もないビジネス分野に目をつけ、中国は早くからＩＳＯやＷＨＯを舞台に中医薬の基準を世界基準にして、日本の漢方や韓国の東方医学に対し優位を確保しようと着々と整備を進めてきました。二〇〇七年ごろに日本の漢方医学界がようやく気が付いたときはすでに手遅れの状態でした。今また中国は漢方薬業界の覇権を奪取すべく国を挙げて取り組んでおり、これには日本企業も必死に取り組み始めていますが、情報の収集が絶えず十分に行われているかが気がかりです。

こういったこれまでの失敗が今また、自動車産業やプラットフォーマーの世界で繰り広げられています。キャッシュレスに至っては、中国・韓国・アメリカがすでに二〇一五年時点で四〇パーセント～五〇パーセント以上の普及率を達成しているのに、日本では二〇二七年にやっと四〇パーセントという目標を掲げています。したがってその間の東京オリンピックではアリペイに頼るしかなく、それに多くの日本人が加入すれば、日本の消費者に関するビッグデータは中国企業に把握され、日本企業が日本でビジネス展開をするのに中国のプラットフォーマーに頼らざるを得ない事態にもなるでしょう。

この他、「一帯一路」についてはつい最近まで、余った鉄鋼やセメントの在庫を減らす措置に過ぎないと捉えたり、自由貿易区についても、一部の特殊事情のある貿易区だけを捉えて絵に描いた餅にすぎないと断じたり、国有企業改革についても、権力関係の再編を踏まえての慎重な動きと改革の強い意志を読み切れず、単なる掛け声倒れと捉えたりする近視眼的な見方が充満しています。

地域発展に関しては、中国式のボトムアップのエネルギーを理解していないため、現在地殻変動のように起きている末端行政レベルからの発展志向のエネルギーをシャドーバンキング的なマイナスの側面からしか捉えていないことや、都市化をスマートシティの側面からのみビジネスチャンスとして捉え、

「人に優しい街づくり」の広がりから見た別のビジネスチャンスを見据えていないなどの問題があります。

これらの根底には、いつまでも中国を発展途上国として見下し、精神的優位性を保とうとする夜郎自大的な日本人の狭量と、領土問題や靖国問題で醸成された中国に対するネガティブな感情をコントロールできず、先に否定的結論ありき、の見方から脱却できない狭量、そして、アメリカに行くのには相当の英語力を要求するのに、中国語が話せず、読めず、中国の歴史や文化も知らない駐在員を平気で送りこむ横着さもありましょう。

中国の習近平政権がいま進めている強力な権力基盤の確立と厳しい情報統制、監視社会は、確かに我々日本人から見れば異質であり、警戒心を持つのも当然でしょう。しかし、中国を知るものの目から見れば、好むと好まざるとに関わらず、中国にはまだこういった強力な権力基盤が必要であり、この体制は今後少なくとも一〇年間以上、中国の発展に大きく寄与することでしょう。もちろん、それがゆえにその後に大きな不安が残ることも確かです。

いずれにせよ鄧小平死後、様々な利益集団がお山の大将を決め込み、私利私欲に走った社会を習近平が強力に引き締めて腐敗を摘発したことには一定の評価が下されるべきですが、彼が毛沢東的権威を確立した後、より高度のレベルでの鄧小平式改革開放へいつまた舵を切れるか、まさに二〇三五年までに与えられた宿題と言うべきでしょう。

異質の国、中国と日本がいかにコラボして発展し、東アジアにおける日中新時代を切り開けるか、対立競争から協同へ向かうプロセスの模索が当面の最大の課題です。

この『今、中国が面白い』シリーズは、「上記の目標を実現するために、日中両国の人々はもっと広く深くお互いを知る必要がある」との趣旨で編まれています。政治家も官僚も経済人も一般国民も、もっと中国という異文化を多面的に理解するべきでしょう。

私が今、中国の「一帯一路」への取り組みで最も感心しているのが、中国の各大学・研究機関が「一帯一路」沿線の多くの国々の様々な歴史・文化・言語に対し真剣に取り組み、国がそれを全面的にバックアップしていることです。対日本でも、最近の中国の大学の日本語学科の傾向として注目されるのが、日本の文化を深く掘り下げて学ぼうという方向にカリキュラム編成が大きく舵を切っていることです。

翻って日本の大学などで中国の文化に対してこれまで以上に深く掘り下げて学ぼうという機運があるでしょうか。それどころか、過激なネガティブキャンペーンで、中国語学習者は減少の一途をたどってきました。もしこれを安全保障という面で捉えるならば、偏狭な愛国者の言動が却って日本の安全保障を危うくしているという皮肉な結果を招いたとも言えます。もっと中国を知ろうではありませんか。


本書は二〇一六年~二〇一七年に人民日報に掲載された中から四〇編を選び、それを二〇章、各章二編に編成してあります。各篇には選者からの言葉を添え、選んだ理由を明らかにしてあります。参考にして下さい。

なお、各記事を完全収録するにはページ数が多すぎ、かといって掲載したい記事は多く、これ以上は減らせません。そこで、筆者の意図を十分に汲み取るよう留意しつつ、各記事の一部を省略しております。

いちいち「一部省略」の断りを入れると煩瑣になるので、一括してお知らせしておきます。全文をご覧になりたい方のために、各篇には掲載日を記しておきました。

平成三〇年春　　三潴正道

目次

第Ⅲ部　社会秩序とモラル

第Ⅳ部　生活と文化

第V部　健康生活

プロローグ

世界長寿の郷

選者より 中国の六〇歳以上人口が二億人を突破したのは二〇一三年。総人口が一六億人に達すると言われる二〇五〇年には六五歳以上が二〇・二パーセント、三億人をはるかに超えるとも。ただこれはあくまで全国平均で、上海はすでに超高齢化社会。高齢者対策はまさに焦眉の急。

劉 文波、李 翔
二〇一六年一二月一九日

海口市から西に進むと「中国長寿の郷」、「世界長寿の郷」と呼ばれる海南省澄邁県がある。長生きするのは幸せなことだ。今年一一月現在、総人口五七万五〇〇〇人の澄邁県で八〇歳以上の老人は一万八九六〇人、一〇〇歳以上も二一七人に上る。揃って長寿の夫婦が特に多く、夫婦ともに八〇歳以上が九一一組、九〇歳以上は七七組、一〇〇歳以上は四組。現在、県の一〇〇歳以上の高齢者の実数と県の人口に占める割合がともに全国一、という長寿の郷である。

澄邁県のお年寄りにはどのような長生きの秘訣があるのだろうか。また現地の共産党委員会や人民政府は高齢者向けにどのような支援策を打ち出しているのだろうか。先日現地を徹底取材した。

一〇〇歳を超える高齢者、長生きの秘訣

一〇九歳の劉玉花さんは、現在、澄邁県金江鎮黄竹村の最高齢者。長生きの秘訣を尋ねると、開口一番「わたしゃ生まれつき空気がスースー通る網みたいな性格でね」と言う。「大らかで楽天家」という意味だ。

顔じゅうに歳月の跡が刻まれてはいるが、目は生き生きとしていて頭もしっかりしている。甥の妻で七五歳になる女性の話では「おばさんは規則正しい生活を送ってコーヒーとお粥が好物、飾らない人柄でつつましい人よ」とのこと。政府からも毎月長寿手当が支給されて、安心して余生を送ることができている。

黄竹村の入口ではボランティアの王良明さんが「オヤジ茶房」を開き、無料でお年寄りに茶飲み話の場を提供している。二〇一二年には澄邁県政府の出資を受け大きな建物にした。今は、天気がいいと劉玉花さんが甥の妻に付き添われてやってくる。近所に住むお年寄り一〇〇人余りと、ドライシードやお茶をお供に、おしゃべりをしたり海南省の伝統劇を見たりして楽しくのんびり過ごしている。

澄邁県老城鎮盈浜村では、子孫が二〇〇人余りもいて五世代が同居する呉氏六兄妹のことを、ほとんどみんなが知っている。兄弟もその妻同士も仲良く幸せに長寿を保っており、県の共産党委員会と県政府から「澄邁県一の長寿一家」という称号を授与された。

通りに面した呉さんのテラスハウスにお邪魔すると、十数人のお年寄りが車座になって話に花を咲か

せていた。私たちが目に入ると、呉豪生さんは満面の笑みで迎えてくれた。九四歳でもなお矍鑠《かくしゃく》としている。

「私は上から二番目なんだ。こっちが私の兄弟たちで、九〇歳・八七歳・八三歳……」

毎月の収入を尋ねると、長寿手当三〇〇元、失地農民（注1）年金五二〇元、社会年金一四五元……と数え上げ、「普段使うには十分で、お金の苦労はない」と言う。

呉家の四女、八三歳の呉花菊さんは朗らかで話し好きだ。

「子どもたちが親孝行だから食事の心配はないし、世話をしてくれる人もいるので、のんびり暮らしていますよ。それに政府が補助してくれるしね」と明るく笑った。

現在、澄邁県の平均寿命は七九・七九歳で、全国平均より三・四五歳高い。今年一一月現在、県内の全人口に占める一〇〇歳以上の割合は一〇万人当たり三七・七人で、中国と国連の「長寿の郷」基準より上である。

行政による適切な支援

「ここはご長寿の『特産地』なんですよ！」と、澄邁県党委員会の楊思濤書記は誇らしげだ。同県はお年寄りが心置きなく幸せな余生を送れるように三つの支援策を打ち出し、入念に手配りし、きめ細かく支援しているそうだ。

第一の支援策は高齢者の社会的扶養の保証である。

澄邁県では八〇歳以上のお年寄りに対し、規定の年金のほかに毎月長寿手当を支給している。八〇歳から九九歳は毎月一二〇元から三〇〇元、一〇〇歳以上には毎月八〇〇元・一〇〇〇元・一五〇〇元などの基準で支給している。

二〇一三年七月、同県は海南省が立ち上げた失地農民向けの社会養老保険・高齢者生活保障整備に率先して着手。保障範囲を省政府が要求する「二〇〇九年六月一八日から現在まで」から「一九八八年四月二六日（海南省が成立した日）から現在まで」に拡大、社会養老保険・高齢者生活保障補助という二つの老後保障の全額給付を実現した。

第二の支援策は高齢者の医療保証である。

近年、同県では高齢者外来を開設、高齢者の健康カルテを整備している。県全体の六〇歳以上の住民には入院で保険適用する際の自己負担分免除や「一免五優先」（注２）の優遇政策を実施、また県内農村で六〇歳以上の生活困窮者を、政府の全額助成で新型農村合作医療保険制度（注３）に加入させた。

第三の支援策は高齢者の趣味・娯楽の保証である。

県はシルバー大学を創設、各鎮に六八の高齢者協会を設立し、高齢者向け活動に毎年二〇万元を投じている。また七〇〇〇平方メートル余りの高齢者専用活動スペースが作られ、常時多彩な文化・スポーツ活動が展開されている。県には一〇〇を超える高齢者フィットネスクラブや多くの演芸活動グループがあり、「老いても生きがいを、老いても楽しみを」を実践している。

注１　請負ってきた農地の使用権を失った農民のこと。一九八〇年代から人民公社に替わって農業生産責任制が実施され、個々の農家が生産を請け負うようになったが、二〇〇〇年代からは急速に進む開発や土地バブルの影響を受け、再開発などの名目で地方政府や開発業者に半ば強制的に土地を収用される事例が見受けられた。

注２　外来受付料金が免除され、優先的に診察・一般検査・生化学検査を受けたり、会計をしたり、薬を受け取ったりできる。

注３　二〇〇三年から導入。農民の医療費・入院費などに補助を行う医療保険制度。

第Ⅰ部

中国と世界

第一章　日本と中国

第一話　音楽を愛する人の絆
――大賀典雄と余隆

二〇一七年四月三〇日　田　泓

選者より　日中国交回復から今日まで、多くの民間人が日中の相互理解と友好を育んできたが、それはしばしば政治上の思惑によって踏みにじられ、双方がその責任を相手に擦り付けてきた。民間交流を犠牲にすることは政治上の最大の損失であり、民間交流による相互理解こそが貴重だ。

四月二三日、『終わりなきコンサート～二人の指揮者、大賀典雄と余隆』と題するドキュメンタリーが日本のBSフジのゴールデンタイムで放送された。番組では、日本で伝説的人物として知られる大賀典雄氏と中国の著名な指揮者である余隆氏との一四年にわたる友情の物語が紹介された。この番組を見たある関係者は、

「両国の民間交流を讃えるこのフィルムは、『国の交わりは民が相親しむにあり』という道理を改めて

考えさせるものだった」と述べている。

ドキュメンタリーの主人公、大賀氏は、かつて日本でよく知られた人物で、若き日にはドイツで声楽を学び、帰国後はソニーの創始者である井深大氏らに高く買われ、請われて入社した。大賀氏は音楽家としての視点からソニーの製品に対する一連の改善案を提示し、最終的に第五代社長を務め、同社を世界的企業へと押し上げた。さらにはCDの研究開発を主導し、著名な指揮者であるカラヤン氏からは「音楽をレコード時代からCD時代へと導いた」と賞賛された。六〇歳以降は音楽活動に再度身を投じ、東京フィルハーモニー交響楽団の理事長兼指揮者に就任、日本および世界各地で公演を行った。

二〇〇一年一一月、七一歳の大賀氏は第四回北京国際音楽祭に招待され、東京フィルハーモニー交響楽団を率いて初の訪中を果たした。音楽祭総監督の余隆氏は当時三七歳で、結成間もない中国フィルハーモニー管弦楽団の首席指揮者を務めていた。リハーサルの合間に交わした会話から、二人は互いがドイツ国立のベルリン芸術大学の同窓生であることを知った。

だが音楽祭のフィナーレを飾るチャイコフスキーの交響曲第五番第二楽章を演奏中、指揮をしていた大賀氏がくも膜下出血のため壇上で突然倒れてしまう。病院に緊急搬送された大賀氏を見送った後、楽団は再び舞台に上がった。余隆氏自ら指揮を買って出て、演奏を再開したのである。余隆氏は東京フィルハーモニー交響楽団と合わせた経験は全くなかったが、その情熱溢れる指揮により中日の音楽家は一つになり、演奏を完成させた。当時中国メディアは、「会場全体が沸き立ち、鳴り止まない拍手に包まれた」と、その演奏を讃えている。

大賀氏は医療関係者による懸命の治療により生命の危機を脱し、二カ月後日本に帰国した。一六億円の退職金は、日本の景勝地軽井沢に世界一のコンサートホール――大賀ホールを建造するため投じられた。

二〇〇九年、余隆氏は東京を訪れて大賀氏と再会し、中日の若い音楽家の育成について長時間にわたり語り合った。大賀氏は、できるだけ早い時期に自身のホールで公演を行うよう、余隆氏と中国フィルハーモニー管弦楽団を招待した。しかし大賀氏は二〇一一年に逝去し、この約束は果たされないままとなっていた。一方、中国の急速な発展と歩みを同じくして、余隆氏は中国フィルハーモニー管弦楽団を率い国内外の舞台で活躍、各方面から高い評価を受けた。

二〇一五年一一月一〇日、余隆氏は生前の大賀氏との約束をついに果たした。余隆氏は演奏前に楽団メンバー全員と共に大賀ホール前の記念碑を訪れ、花を手向けた。「もっと早く来られたらよかったのですが」と、余隆氏は涙をこらえることができなかった。余隆氏はその晩の演目として特に、チャイコフスキーの交響曲第六番『悲愴』を選び、時空を超えて大賀氏と心を通わせた。中日両国の芸術家同士による音楽の約束に会場の誰もが心を震わせた。

公演の折衝を担当した全日本華僑華人連合会の顔安会長は、この一部始終を日本の中国語テレビ局CCTV大富の張麗玲社長に伝えた。その年は、かつて張氏が在日中国人の奮闘を一〇年かけて撮影・制作したドキュメンタリーシリーズ『私たちの留学生活』が両国で空前の反響を呼んでいた。「諸般の事情によりここ数年、両国民の心を打つ作品はさほど多くはなかった。音楽に国境はない。二人の『音楽愛好者』の絆は中日国交正常化四五周年の最良の証ではないか」と考えた張氏は、古くからのパートナーであり、ドキュメンタリー番組で活躍しているプロデューサー、大島新氏に監督を依頼した。大島氏は映画界の巨匠・故大島渚監督の息子で、撮影チームとともに他の高額な撮影契約には目もくれず、『終わりなきコンサート』に全力を投じた。

「日中友好と、アジアそして世界の平和に対する思いと願いを行動で示すことができ、大変光栄であり、満たされる思いです」と大島氏は語っている。

大賀氏の夫人でピアニストの大賀緑さんはこの番組に大変感動し、「私自身も、この番組で初めて知ったことが多くありました」と語っている。北京国際音楽祭前後の出来事は今でもありありと夫人の眼前に浮かぶという。

「夫に第二の命を吹き込み、美しい友情のハーモニーを奏でて下さったことに対し、この場を借りて北京の方々に深く感謝します」

夫人は、余隆氏と中国フィルハーモニー管弦楽団が紅葉の季節に届けた心のこもった友情、心揺さぶる音楽に感謝しつつ、大賀ホールが若い音楽家の友好交流の場所になることを願っているという。

ソニー中国有限公司の遅沢准元副総裁は、「大賀氏と余隆氏のエピソードを通して我々は多くのことを考えさせられました。互いに尊重し、誠実な関係を築いたお二方の影響を受け、直接的また間接的に多くの人々がその志を受け継ごうとしています。ドキュメンタリーに関わった日中の素晴らしいチームは誰もが制作に惜しみなく精力を注ぎ、度重なる困難を乗り越えました。今後も日中両国の人々の共感を呼ぶ良い作品が次々に誕生し、両国の人々の更なる相互理解と友好的な交流が促進されればと思います」

第二話　竹串の価格決定権

趙　鵬

二〇一七年四月一五日

選者より　ものづくり大国からものづくり強国を目指す中国。その切り札としてイノベーションを盛んに奨励し、特許の出願数もうなぎ上りだが、品質を高める中で忘れてはいけないのが、使う人の側に立った配慮。中国でも年々その意識は高まっている。

「価格決定権は企業の優劣を判断する尺度だ」と言う人がいる。もし値上げをしても顧客を失わない実力があるのならば、それは良い企業である。一方、もし一〇パーセント値上げするにもナーバスになるようならば、自らを省みる必要がある。

価格決定権というと、多くの人は業界でリーダーシップをとる大企業が考えることだと思うだろうが、実は小企業も価格決定権を手に入れることができる。

福建省北部、武夷山市のある企業は、規模の小さい昔ながらの竹加工会社だ。こういった一次製品を扱う企業はこの地方に数百社あるが、全体として経営困難、さらには倒産するような状況にあるにもかかわらず、この会社は毎年成長を続け、去年の納税額は三〇〇万元余りだった。さらに特筆すべきは日本に輸出される製品の価格決定権を握っていることだ。二〇〇八年以降、価格は累計で二〇〇パーセント以上上昇している。

製品に特別な技術がこめられているのだろうか。そういうわけでもない。この会社が生産しているのは肉に刺すただの竹串である。小さな竹串がどうしてこのような素晴らしい成果をあげたのだろうか。答えはたった二文字、すなわち品質である。

「竹串生産に求められる技術はそれほど高くなく、品質といってもどこまで高めるべきなのか」

二〇〇八年以前、この会社の経営者江益民氏もそう考えていた。当時、この分野には同業者が次々と殺到、価格競争が始まり、まさに壁にぶち当たっていたからである。

「本当に辛かった。どう解決したらよいかわからなかったんです」

だが、やがて日本の得意先の言葉にはっとした。

「日本では、企業はまず品質を考え、次に技術、最後にやっと価格の話になる。それなのになぜ君たちはいつもまず価格なのですか」

「まず品質、それから価格」とすることでこの小企業は上昇のきっかけをつかみ、発展の道を歩むことになった。価格を下げることには限界があるが、品質の向上は無限である。一本の竹串に大変な工夫を施し、少なくとも一〇以上の工程を設け、三六〇種類あまりに及ぶ、各食材専用の串を開発。さらに滑り止めや香りづけなどの各種機能を付加できるようにした。それだけでなく、二〇社の原料工場に対して同様の品質規定を求め、竹串一本一本に対し、伐採後一週間以内に全てを完成させる、製品を車で出荷するときの天気を全て記録するといった、微に入り細を穿つ要求さえ出したのだ。

このように品質を追求したおかげで、この会社の竹串は日本の得意先から指定を受けるようになり、価格決定権を得ただけでなく、サプライチェーン上の重要なポジションをも占めるようになった。あるとき、国内の食品企業が上述の日本企業から発注を受け、江益民氏の会社の竹串を使うよう求められたが、価格が高いため無断で別会社の製品に切り替えてしまった。そのことが検査で判明すると注文は全て取り消され、サプライヤーとしての関係さえ解除されてしまった。

「今では全世界で、高級食品産業のほとんどが我が社の竹串を使っていると言えるでしょう。それでやっと価格決定権を手にすることができたのです」

小企業がどのようにして市場における自分の地位を勝ち取るのか、それは品質に尽きる。心をこめて品質管理を行えば、たとえ先端技術や高度な技術がなくても、総じて顧客のニーズに向き合いながら、イノベーションを続けることができる。このような職人気質は、規模では勝負できない大多数の企業にとって、企業の発展とイノベーションの実践において、技術の先進性以上に重要でさえある。生産工程を一つ一つ注意深く改良し、良い製品によって有利な価格を実現し、市場での価格決定権と成長の主導権を勝ち取ることは、小企業にとって可能な選択であるだけではなく、中国経済のモデルチェンジとアップグレードのために必要不可欠な道である。

「二〇世紀は生産効率の世紀、二一世紀は品質の世紀」だ。世界中どこでも、低品質でただ価格が安いだけの製品は長続きしない。物不足から限りない豊かさへ向かう中、我々がよりどころとするのは学習と模倣である。すなわち低価格という優位性から品質の優位性へ、我々にはさらなる刷新と取り組みが必要である。これこそ、小さな竹串が我々に教えてくれる経験と方向性である。

第二章　海外進出

第三話　ofo小黄車、世界へ
――年内に二〇カ国に進出

万 宇、陳 尚文

二〇一六年四月一三日

選者より　中国で花開いたシェアリングエコノミー。様々な分野に広がる一方、乗り捨てによる弊害や廃棄車の処理問題も。しかしそこでやめないのが中国のエネルギー。まずやってみる、問題が出れば対処しつつ前進はやめない、それが中国パワーの源。チャレンジ精神に大いに学ぶべし。

三月二三日から二六日、ボアオ・アジアフォーラム二〇一七年年次総会が海南省ボアオ鎮で予定通り開催され、登壇したofo（注1）創業者でCEOの戴威氏はシェアリング自転車やシェアリングエコノミーについて「共有と共用（シェアリング）には共に将来性があるが、シェアリングのほうが一歩進んだ形式だ」との考えを示した。

技術革新からビジネスモデル創造へ

世界的なイノベーションリーダーからの注目と称賛は、ｏｆｏという中国の若いベンチャーパワーがその優れたパフォーマンスによって国際舞台に立ったことの証明である。フォーラム期間中、ｏｆｏは内外メディアの注目の的となり、戴CEOはシリコンバレー、ロンドン、シンガポールなどの都市での実績を踏まえ、「年末までに先進国を中心に二〇カ国に進出する」と、自信満々に宣言した。

ｏｆｏの事業は大きく伸びている。創業当初に打ち出した国内外併走グローバル戦略によってシェアリング自転車という中国発のビジネスイノベーションモデルが世界に認められた。

グローバル経済に対するもう一つの重要な影響は、ｏｆｏを筆頭とする「中国オリジナル」が世界に進出し始め、メイドインチャイナが技術革新からビジネスモデルの創造へと発展したことである。

小黄車（注2）が海外市場で急成長するに伴い、乗り捨てシェアリング自転車は今日、中国発のビジネスモデルとして世界で模倣されるようになり、アメリカのSpin（注3）、シンガポールのｏBike（注4）といったシェアリング自転車企業が競うように出現した。

「飛鴿」、「鳳凰」の飛躍を後押し

ｏｆｏは、この一年間に自転車二五〇万台を投入、三〇〇〇万を超えるユーザーを持ち、国内シェアリング自転車市場をリードすると同時に、不断に自転車の改良、プラットフォームの改良、サービスの向上にも努力し続け、ユーザー体験を最大限に向上させた。三月に入ってからは、さらに嬉しいニュースが続々と伝えられた。

三月九日、ｏｆｏと700Bike社が共同で新バージョンのシェアリング自転車、〝ｏｆｏ Cur

ｖｅ〟を発表した。サドル、タイヤからフレーム、グリップまで、新バージョンの多くの部分がｏｆｏによって新たに設計改良された。戴ＣＥＯによれば、新バージョンは、ユーザー体験を極力追求しつつ運営コストは最小限に、という最良のバランスを見出し、ｏｆｏとユーザーとの共存共栄を実現したとのことだ。

現在、ｏｆｏはすでにアメリカ、イギリス、シンガポールで運営されており、シンガポールでは市場のリーダーとしての地位を確立、海外進出する中国ニューパワーの代表格になった。

ｏｆｏはまた、７００Ｂｉｋｅ、雲馬、軽客などのインターネットブランドと協力してカスタム版シェアリング自転車を打ち出し、ユーザーに多様化・差別化したサービスを提供すると同時に、飛鴿、富士達、鳳凰など以前からある自転車メーカーと相次いで協力し、ニューパワーによる従来の自転車製造業のモデルチェンジやアップグレードを促した。より多くの国の自転車ブランドやメーカーとの協力に伴い、極めて効率の良い世界自転車産業チェーン提携ネットワークがシェアリング自転車というプラットフォームをベースに徐々に形成されつつある。

ユーザー体験を第一に

ｏｆｏのビジネスモデルによりもたらされた発展の勢いは、自転車分野だけではなく、信用体系など多くの分野を含むインターネット業界全体にも波及した。

三月一六日、ｏｆｏは螞蟻金融服務集団（注５）傘下の芝麻信用社と戦略的協力に合意、今後ｏｆｏの上海ユーザーは芝麻クレジットスコアが六五〇点以上ありさえすれば、九九元の保証金は免除、シェアリング自転車を直接利用できるようになった。その前にもｏｆｏは学校に在籍する学生・教員に対して「保証金免除」制度を打ち出し、好評を博している。

今回、ｏｆｏが自ら「信用保証」をなくしたことが二五〇〇万上海市民の外出需要をさらにかき立てたことは疑いないだろう。「個人信用による保証金免除制度を打ち出したことに伴い、ｏｆｏは、シェアリング自転車業界の技術や製品体験のアップグレードを牽引した後、都市信用体系の建設、さらには中国の信用体系の再構築を推進する可能性もある」と専門家は分析する。

このようなオープン志向のシェアリングエコノミーは、ｏｆｏが設立当初から確立させてきたモデルであり、将来の経済モデルに対する中国新世代の若い創業者の探求でもある。現状からみると、産業チェーン全体に対するｏｆｏシェアリング自転車のプラットフォームモデルのテコ入れ効果、そして経済モデルを探求するパワーは、新時代において「中国オリジナル」を生み出し、全世界へ展開し、世界経済に影響を与える新たな経済モデルとしつつある。

フロンティアスピリットを持つｏｆｏは、グローバル化と自由貿易の大きなうねりの中、ｏｆｏモデルでアジアのシェアリングエコノミーをリードし、世界へと歩みを進めている。

注1　二〇一五年に創設された自転車シェアリング企業。現在はユニコーン企業に急成長。
注2　ｏｆｏ社のシェア自転車。フレームの黄色が特徴で、同社の別称にもなっている。
注3　スピン。カリフォルニアの自転車シェアリングベンチャー。二〇一六年創業。
注4　オーバイク。シンガポール発の自転車シェアリングベンチャー。二〇一七年創業。
注5　アリババグループの金融会社アント・ファイナンシャル。芝麻信用社はその傘下の芝麻信用情報管理有限公司のことで、芝麻クレジットスコアは芝麻信用が消費者に与える信用評価を指す。

第四話　ハイアール、独自の経営モデルで世界を席巻

ハイアール・グループCEO　張　瑞敏
二〇一七年五月二二日

選者より　技術的優位とブランドに胡坐をかき、次々と中国の軍門に下る日本企業。その後の再生ぶりを見れば、何が欠けていたか、よくわかるはず。デジタルエコノミー面での立ち遅れはもはや挽回しがたいが、経営ノウハウでも後れを取るようでは、先行きが危ぶまれる。

早くも二〇世紀末にハイアール（注1）はグローバル化戦略を開始、二〇年近い発展を経て、その製品はほぼ全世界に行き渡り、海外では一分間に平均一二五人のハイアールユーザーが誕生している。ハイアールの自主ブランドに限らない。日本の三洋電機、ニュージーランドの白物家電企業フィッシャー&パイケル、アメリカのGE（ゼネラル・エレクトリック）家電部門もハイアールに買収され順調に発展している。

ハイアールの二〇一六年の年報および二〇一七年第1四半期の季報によると、GE家電は買収後一年足らずで経営改善傾向が明らかになり、三洋は買収から八カ月後に赤字を解消、フィッシャー&パイケルは、買収後にニュージーランド市場におけるハイアールと合わせた白物家電シェアが四二パーセントに達し、現地国内シェア首位の座を不動のものにした。

最も重要なことは、ハイアールの海外進出が決して加工品輸出貿易における単なる「製品輸出」やコスト優位を狙った布石ではなく、国際市場における中国ブランドと中国式経営モデルの影響力を高める

ための深謀遠慮である点だ。

ハイアールが考案した〝人単合一〟（注2）モデルは、「従業員の価値とその従業員が創造した顧客価値との一体化を実現する」ものである。これはすでに、国際マネジメント学界で広く認められ、グローバルマネジメントの第三次パラダイムシフトにおける中国企業のリーダー的地位を確固たるものにした。

なぜハイアールがリーダーとなり得たのか。

グローバル企業の経営、特にM＆A成功のカギは、企業の経営理念が文化の融合を実現し得るかどうかにある。

アメリカでの結論（注3）によると、海外M＆Aの失敗率が七〇パーセントに達する主な原因は、各国で異なる文化の融合が難しいことだという。これとハイアールの海外M＆Aの最大の相違点は〝人単合一〟モデルをグローバル化して再現し、かつ現地の実情に照らすことで統一された土台の上に多元的な文化の融合と相互利益を実現した点にある。我々はこのモデルを多元的文化が融合した「サラダ式システム」と総括している。

これは例えて言えば、ちょうど西洋料理のサラダが、さまざまな野菜の本来の姿を留めながらドレッシングによって一つにまとまっているのと同じである。我々は、多様な文化の特色を残した上で、〝人単合一〟というドレッシングを用いて皆を一つに融合させるのである。

ハイアールは二〇〇五年から〝人単合一〟モデルの模索を始め、従業員を被雇用者から創業者もしくはダイナミックなパートナーに変え、新たな価値の創出者（注4）としてユーザーと融合させた。これを実現するために、我々は戦略・組織・報酬などの面から大改革を行った。

戦略面では閉鎖的な企業を開放的な創業の場に変え、組織面では縦割りのピラミッド型組織をフラットなネットワーク型組織に変えた。報酬面では支払者を会社から顧客に変え、創り手は顧客のために創造した価値の大きさに応じたリターンを受け取ることができるようにした。

このようにして、ハイアールは「〝人単合一〟、共に創造し、共に利益を得る活動母体」となり、企業の役割は製品の提供から創り手の提供に変化し、海外市場でも製品の輸出から経営モデルの輸出へとアップグレードしている。

傘下に収めた世界中の企業に〝人単合一〟モデルをコピーすることで、ハイアールは世界中の全従業員に自分で自分のユーザーを見つけさせた。名も知らぬ顧客を互いに顔の見える関係に置き変え距離感をなくすことによって、その国の消費者に製品の設計者およびイノベーターになってもらった。

フィッシャー&パイケルを例に挙げると、買収後の同社は、組織面では細分化を実施し、報酬面でも顧客のために創造した価値の大きさを算定基準とする「顧客が支払う報酬」を推進し始めた。社員一人ひとりが自分自身の明確な市場目標を持ち、かつシステム化された手段を用いて、目標達成と行動計画に対する管理を行っている。

企業のグローバル化を成功させ、世界的ブランドを作り出す決め手は汎用性の高い管理モデルにある。〝人単合一〟モデルの最大の強みは、地域や文化の制約を受けず、現地の文化的長所を十分に融合し発揮させ、現地ユーザーとの距離感をなくせることであり、また、全世界のリソースをオープンな形で整理・統合し、「世界中が我々の研究開発部」だという概念を現実のものとし、全世界のリソースを活用してユーザーに最適解を提供できることである。

優秀なグローバル企業と目される資格を持てるかどうかは、第一に消費者から信頼されるブランドを持っているか、第二に時代をリードする経営管理モデルを持っているかにかかっている。一二年に及ぶ世界規模の試み・反復・実践によって、インターネット時代の特徴に順応する〝人単合一〟モデルは従業員のイノベーションと起業への情熱を大いにかき立てることが証明された。我々は経営管理において、もはや単なる模倣者や追随者ではなく、世界をリードする存在になったのである。

注1　一九八四年創業、山東省青島市に本拠を置く中国最大の総合家電メーカー。

注2　張瑞敏CEOが提唱する成果主義に基づく経営管理システムの名称。〝人〟は個人、〝単〟は顧客からの注文を指し、従業員個人の評価と受注を結びつけ、収益や顧客価値創造への貢献度に応じて社員報酬を算定する。

注3　二〇一二年三月三〇日にアメリカの中国語メディア多維新聞が伝えたインターチャイナ・コンサルティングの調査結果を指していると思われる。

注4　原文は〝創客〟でMakerの訳語。中国語の〝創客〟は、単なる製造業者とは異なり、顧客価値を創造し新たな市場を生み出す主体を指す。

第三章　一帯一路

第五話　イギリス製品が中欧直行定期貨物列車に

黄　培昭、李　応斉、趙　成
二〇一七年四月二七日

選者より　中国の「一帯一路」はすでに「多帯多路」の様相を呈しているが、その主要な柱はやはり中欧を結ぶ陸のシルクロード。すでにスペインまで鉄道コンテナが直通、またイギリスのEU離脱を機に、ドーバー海峡を渡って中英の往復路線も開通した。ユーラシア新時代の幕開け。

二〇一七年四月二七日、三二のコンテナにベビー・マタニティ用品やソフトドリンク、ビタミン剤などを満載してイギリスから中国へ向かった初の中欧貨物列車が、一万二〇〇〇キロあまりの旅を終え、終点の浙江省義烏市（注1）に到着しようとしている。

「『一帯一路』はオープンで、アフリカ大陸を貫き、アジアとヨーロッパを結ぶ広大なコミュニティであり、興味を持つすべての国々が参加できる。『一帯一路』は多元的で、さまざまな協力分野をカバーし、多種多様な協力の形が可能だ。『一帯一路』はウィンウィンの関係であり、各国が共同で参画し、共に協議し共に建設し共に恩恵を受けるという原則に従い、共通の発展・繁栄を実現するものである」

二〇一五年一〇月、習近平国家主席はシティ・オブ・ロンドンで開催された中英商工サミットにおいて「オープン」、「多元的」、「ウィンウィン」という三つのキーワードで新時代のシルクロード精神の意義を示した。

強風と寒空にも、見送る人々の情熱は冷めやらず

イギリスの首都ロンドンから車で東に向かい、A一三号線に沿ってエセックス州に入り、さらに五〇キロあまり行くと、ドバイ・ポーツ・ワールド社のロンドン埠頭に到達する。ロンドン－義烏間を結ぶ中欧列車第一便が四月一〇日に出発した場所である。

「列車はここから中国へ向かったんだ。それはもう大変な盛り上がりようだったよ」と、その時の盛大な光景を思い返した埠頭のスタッフは感慨深げだった。

ロンドン港物流団地マネージャーのオリバー・テラーネイマン氏は、「ロンドン－義烏第一便が出発してから二週間も経たないうちに、たくさんの新たなお客さんから問い合わせが来て、この列車への高い関心が示されました」と、誇らしげに語った。

同氏によると、ロンドン－義烏第一便がこの港から出発したことは、自分たちにとって極めて大きな意味があるのだという。鉄道輸送はロンドンのメーカーと小売業者に、商品を中国へ直接輸送する新しい方法をもたらした。このルートが提供するのは、海路より早く、空路より安い、イギリス製品の新たな長距離国際輸送ルートだ。

「これはまだ始まりに過ぎず、ますます発展していくでしょう。イギリス製品がイギリス海峡を通ってヨーロッパ大陸へ入り、広大なユーラシア大陸を抜け、最後に中国に到達します。すると、運ばれていく貨物と引き換えに堅実なハードカレンシー（国際決算通貨）が手に入ります。中国はまさに、我々がEU離脱後（注2）に大きな期待を寄せるべき国なのです」と、ロンドン港のスタッフは語った。

イギリスの貨物が古代のシルクロードに沿って世界へ

イギリスは大西洋に浮かぶ孤島であり、国内マーケットが極めて限られているため、製品は輸出に大きく依存している。EU離脱により、イギリスの輸出の半分を占めていた欧州という巨大プラットフォームに再編の波が起こり、その結果イギリスは、市場ルートを変え、新たな方向を見出す必要に迫られるだろう。中国に狙いを定め、中国の「一帯一路」という壮大な構想に活路を見出すことがイギリスでは朝野を問わず共通認識になりつつある。

「EUを離脱するイギリスにとって、欧州と中国を結ぶ貨物列車はイギリスがEU以外の貿易相手との関係を強化する最高のチャンスだ」とイギリスの放送局BBCは強調する。

イギリスのハンズ国際貿易閣外大臣は、中欧列車に寄せるイギリス政府の強い期待をこう語った。

「イギリスの貨物はこの歴史あるシルクロードから世界に向かっていくだろう。実際に英中間で貨物列車の往復が実現したことは、イギリスのグローバルな発展をさらに鼓舞し推進するものである」

スコットランドの首都エディンバラの繁華街ロイヤルマイルには、スコッチウィスキー体験センターがある。センターの責任者ショーン氏が誇らしげに記者に紹介した。

「スコッチウィスキーは、英国民族の誇りのシンボルです。ご存じないかもしれないが、石油と金融に次いで、イギリス経済への貢献度が三番目に大きい産業なのですよ」

ショーン氏は美しく透き通ったウィスキーを記者のグラスに注ぐと興奮気味に続けた。

「多くの中国人がますますスコッチウィスキーを好むようになっています。『一帯一路』のおかげで、われわれのウイスキーを遠路はるばる中国という巨大市場に運び入れることができ、目で見て、触って確かめられるメリットが得られます。想像しただけで興奮しますよ」

二〇一三年、スコッチウィスキーの輸出額は四三億ポンドと、スコットランドの食品・飲料輸出総額の八七パーセントに達し、イギリス全体では四分の一弱を占めた。しかしこの二年、ウィスキーの輸出は落ち込んできている。

「スコッチウィスキー協会は、二〇二〇年まで、ウィスキー輸出の成長率五パーセントを保つ計画を定めました。『一帯一路』の力を借りれば、必ず実現できます」とショーン氏は語った。

「一帯一路」があれば「EU離脱後遺症」は恐るるに足らず

今年一月、中国の貨物を満載して義烏を出発した中欧列車が終点のロンドンのバーキング駅に到着すると、BBCは、

「素晴らしい。中国は現代技術で古代のシルクロードを再び開通させた」と驚きをもって報じた。

それから三カ月も経たないうちに、今度はロンドンから貨物を満載した中欧列車が義烏に向かった。その際、イギリスのあるメディアは中欧列車を特別な「シルクロード列車」と呼んだ。シルクロードは文化や心の交流の道でもあり、人々が互いに理解し合い、往来するためのかけ橋でもある。

「中国からイギリスへと向かう最初の貨物列車がロンドンに到着したのは、『一帯一路』がヨーロッパ最

西端のイギリスまで延びたということです。いま列車が順調に帰路をたどっているのは、このシルクロード圏の完成を意味します。ヨーロッパと中国を結ぶ貨物列車は英中・欧中貿易に新たな活力を注ぎ込むとともに、中国による『一帯一路』の呼び掛けがいかに大きな魅力を持っているかを示しています」

あるイギリスの学者は記者のインタビューに対し、以上のように語った。

注1　義烏には世界有数の卸売市場があり、日本の一〇〇円ショップも多くの商品をここで買い付けている。
注2　イギリスは二〇一六年の国民投票でEU離脱を決め、二〇一七年三月からその手続きの交渉に入っている。

第六話　厦門市、対欧州貿易に直通ルート

——中欧「安智貿（安全スマート貿易）」プロジェクト 初の鉄道ルート開通

呉　銘

二〇一七年三月一四日

選者より　「一帯一路」とは陸のシルクロードと海のシルクロードのこと。それを結ぶのが西安－成都－昆明－重慶－西安と繋がる菱形経済圏で、まさに二つのラインを結ぶパンタグラフだが、厦門（注1）からの鉄道ルートはそれに沿った大動脈であり、今後の発展から目が離せない。

「貨物通関書類の審査が完了すれば、貨物が列車に搭載される前に積荷明細情報がデータ交換システ

ムを通してEU税関に送られるようになりました。管理監督当局の相互承認が実現し、全長一万二〇〇〇キロメートルあまりの貨物列車運行状況の全体を監視できます。以前では想像もできなかったことですよ」と、冠捷顕示科技（厦門）有限公司（注2）の劉魯澎総経理は話してくれた。

三月二日早朝、積荷を満載した中欧（厦門）定期貨物列車（注3）が厦門市海滄貨物駅からポーランドのウッチに向けて出発した。二〇一六年一二月、同列車は、安智貿プロジェクト初の鉄道ルートとして、福建省及び周辺地区の企業、さらには台湾及び東南アジア地域のために欧州貿易への活路を切り拓き、これによって厦門市はまさに「一帯一路」の陸海交通における要衝となったのである。

海運ルートから鉄道ルートへ

安智貿プロジェクトの正式名称は「中欧安全スマート貿易ルートテストプラン」で、世界税関機構の「国際貿易の安全確保及び円滑化のための基準の枠組み」（注4）を全面的に実施する世界初の国際協力プロジェクトである。中・欧両税関、また、税関・企業の連携によって、コンテナ及び積載貨物の全行程監視を実現し、安全・便利・スマートな国際貿易輸送チェーンを確立した。

「安智貿プロジェクトはこれまで海運領域で多く利用され、現在すでに中・欧一〇カ国、二五の港をカバーしています。今回中欧（厦門）定期貨物列車がこれに加わったことは、同プロジェクトが海運ルートから鉄道ルートへ拡大するマイルストーンとなります」と、厦門税関通関監督管理局の責任者は説明する。

同プロジェクトは企業に対して、「安定的な対欧州輸出入業務と、ある程度固定された欧州側貿易相手を持ち、かつ原則として中国税関が認めた高級認証企業（注5）でなければならない」という一定のハードルを設けている。一方の国の税関が指名し、相手方の税関が確認した後、はじめてその企業はこのプロジェクトに参加することができる。

厦門税関スタッフの説明によれば、参加が認められた企業には中・欧税関において三つの利点がある。第一に、管理監督当局が相互に承認し、輸出国が貨物検査を実施すれば、輸入国は原則として再検査をしないので、企業の通関コストが低減され、物流チェーン全体における通関の時間的効率が高まる。第二は優先通関で、安智貿のロゴをつけた貨物は優先的に税関手続きができ、企業にとって通関が迅速化する。第三は、テロ事件が引き金となって世界のサプライチェーンが寸断されるリスクが減少するとともに、テロ事件が発生した場合、企業の貿易業務を最短時間で回復するようサポートされ、また、参加企業には一定の経済的支援が与えられる。

初の中欧貨物列車が自由貿易試験区を出発

厦門市海滄区にある中欧（厦門）定期貨物列車集荷センターにはコンテナが林立し、トレーラー、フォークリフト、クレーン車が忙しく行き交い、貨物の積み下ろしを完了させている。全国の自由貿易試験区で初の中欧定期貨物便として、厦門と世界を結ぶ物流の大動脈を構築しつつある。

二〇一五年八月に運営を開始して以来、同路線は市場の強い支持を受け、二〇一六年一二月三一日までに累計一〇三本の列車で二七八九個の大型コンテナ（五五七八TEU）（注6）を積み出し、貨物の累計総額は一四億二二〇〇万人民元となった。まさに急速な発展である。二〇一六年、厦門市のポーランド向け鉄道輸出貨物総額は一一倍になり、鉄道輸送が初めて空輸を超え、厦門市第二の輸出方式となった。

一年半の間に中欧（厦門）定期貨物便は厦門市各レベル・各部門の協力の下で迅速に発展した。二〇一五年、当初の週一便から週二便ないし三便に増加した。二〇一六年初め、中欧（厦門）定期貨物列車は「民間向け個別サービス」を展開し、「冠捷専用列車」が厦門とポーランドの工場を直接結んだ。同年四月、陸海連携輸送によって台湾地区へ延伸、ＡＳＥＡＮ諸国の物流との接続を推進し、海のシルクロードと陸のシルクロードを一つに繋げた。

同年一〇月、厦門市は中核的ハブとして国の「中欧定期貨物路線建設発展計画（二〇一六～二〇二〇年）」に組み入れられ、税関総局の支援を得て複合一貫輸送監督管理センターを建設することになった。また、二カ所の新しいターミナルをドイツのニュルンベルクとオランダのティルバーグに開設した。同年一二月、厦門市は「中欧安全スマート貿易ルートテストプラン」に組み入れられ、同計画初の鉄道テストルートとなった。

一帯一路の中枢となるよう尽力

「ロシア・モスクワ線のテスト運行終了にともない、既存のポーランド・ウッチ、ドイツ・ニュルンベルク、オランダ・ティルバーグに加え、二〇一七年、ＢＲＩＣＳの一角、ロシア・モスクワへの直通線が開通します」

「二〇一七年の計画では、列車九〇本、四〇〇〇ＴＥＵ、積荷額は四〇億元を超える見込みです。この二カ月、貨物列車の積載率はほぼ一〇〇パーセントで、一月には一〇本が運行して貨物量は五〇パーセントアップしました」と、中欧（厦門）班列有限公司の邢屹常務副総経理は語る。

厦門市はまた、陸海連携運輸方式で台湾貨物を扱った成功経験を踏まえ、積極的に東南アジア線も計画する。

邢副総経理は「現在我が国が中欧定期貨物便を開通させている一二の都市の中で、厦門市は海上シルクロードと陸上シルクロードの唯一の連結点です。今後我々は貨物列車のASEAN一〇カ国への延長に力を入れ、東南アジアと接続する大プラットフォームを構築します」と語った。

注1　アモイ市。福建省南部の都市。省都ではないが、中国五大経済特区の一つ。
注2　冠捷科技集団の子会社。二〇〇六年設立。主要事業は液晶テレビの研究開発・製造・販売。従業員約三〇〇〇人。
注3　原文〝班列〟。中国と欧州を結ぶ定期貨物の厦門発着列車。
注4　世界税関機構は、各国の税関制度の調和・統一により貿易の発展に貢献することを目的として一九五二年に設立された国際機関で、本部はベルギーの首都ブリュッセルにある。ここで述べられている「基準の枠組み」とは二〇〇五年に世界税関機構の総会で採択されたものを指している。
注5　二〇一四年一二月に施行された「中華人民共和国税関企業信用管理暫定弁法」による。企業を高級認証・一般認証・一般信用・信用喪失の四等級に区分。
注6　Twenty feet Equivalent Unit　二〇フィートコンテナ換算。

第II部

都市と農村

第四章　国内地域の発展

第七話　村の特色を「金の椀」に
――山東省淄博市の取り組み「一鎮一品」

二〇一七年六月一八日　王　沛

選者より 二〇二一年の「小康社会の実現」まで三年あまり。中国政府は全力で貧困撲滅に取り組んでいるが、都市化の推進は国内消費の向上には役立っても、農村そのものの経済発展がなければ絵に描いた餅。特色ある農業を推進し、農村の産業化を推進する動きが各地で起こっている。

「今は誰も自分の土地を人に渡そうなんて思わないよ。そんなことしたら損するからね」と、山東省淄博市博山区池上鎮の楊紀明さんは顔をほころばせた。去年楊さんが育てたサクランボの収入は二〇万元以上になる。

山ばかりの土地で活路を見つけにくい中、淄博市は山ならではの工夫をこらし、人々が豊かになる道を切り開いた。淄博市は森林率が高く、空気が澄み、きれいな水に恵まれているという地元の特色に着目し、競争力のある産業を育てた。今では西里鎮のモモ、中荘鎮のリンゴ、燕崖鎮のサクランボ、太河鎮の斉の長城（注1）観光などが農民の収入を押し上げる「金の椀」（注2）となっている。

生産物の価値が高まり年収が数倍に

沂源県は山東省で最も平均海抜の高い県で、山が取り囲んでおり、県内には名のある山を一九八三も擁する。山林が密集しているため利用可能な土地面積二四〇万ムー（注3）のうち、耕地は五二万ムーしかない。中でも燕崖鎮は沂源県中心部の南に位置し、森林率は六七パーセントにも及ぶ。

今年五六歳の楊さんは、二〇年以上前から沂源県燕崖鎮でサクランボを作っている。作柄のよい年だと七、八ムーの土地で一ムーあたり一～一・五トンも収穫できる。

「今ではよく穫れるようになったよ」と楊さんは笑顔で話す。

燕崖鎮では一九九二年から鎮を挙げてサクランボ作りを行っており、同鎮は淄博市で最も早く西洋サクランボを栽培したところでもある。現在、サクランボ農家は村の全戸数の九五パーセントを占め、「紅灯」、「美早」など二〇以上の品種を栽培、作付け面積は三万ムーに達する。江北地域（注4）において、西洋サクランボ栽培が最も大規模に行われ、その面積が最も広い鎮である。

「サクランボは水を好み、水があれば大きく実る。わしらのところは平均海抜三五〇メートル、一番高い所は六〇〇メートルで冷害が少なく、サクランボ栽培にとても適しているんだ」と楊さんは言う。二〇一五年には政府と農家がそれぞれ出資し、村には水に肥料を混ぜて散布するシステムが完成したとのことで、「点滴灌漑を行うことで節水できるだけでなく、サクランボの品質もよくなる」そうだ。

燕崖鎮では近年、農家を豊かにする主要産業として西洋サクランボの栽培に力を入れており、病虫害の総合対策、殺虫灯、メタン発酵消化液の噴き付けなど一〇あまりの技術を導入して普及させ、これにより品質が向上した。特に「紅灯」という品種は粒が大きく艶やかで口当たりもよく、サクランボ栽培面積の八〇パーセントほどで栽培され、全国各地に流通している。

燕崖鎮燕崖村共産党支部の斉元民書記は「どうしたらより大きな収益を上げられるのか考えました。臨朐・泰安・煙台などを視察した結果、サクランボの温室栽培がいいだろうということになったのです」「露地栽培だと一ムーあたりの収入は二万元ほどですが、温室栽培なら天候の影響を受けにくく収穫量も多い。マーケットのニーズも大きく、一本の木で三〇〇〇元以上、一ムーなら約一二万元の収入になります」と語った。

西里鎮は中国桃の郷と呼ばれ、中荘鎮のリンゴ「沂源紅」は年産一二万トン以上にもなる。沂源県共産党委員会の王義朴書記によると、現在県では土地使用権の移転を進めており、大規模経営を通じて高品質な農作物を生産し、高級ブランド化を進めようとしているとのことだ。

自然環境は資源、進化する観光農業

作物の栽培以外にも、楊紀明さんには重要な収入源がある。観光客による収穫体験だ。週末や祝祭日になると、日に一〇〇〇人前後もの観光客が農園を訪れる。おかげで収入が三割強アップしたという。山と水、自然の景観に恵まれた淄博市は、土地に合った果物の生産に力を入れるとともに関連産業にも力を入れ、農村ツーリズムをも新たに発展させている。「特色ある小さな鎮」は高い生産性を備えただけでなく、観光サービスも日々充実させつつある。

観光という視点から見ると、博山区池上鎮南部に位置し、魯山の麓にある中郝峪村が有名である。四

方を山々の緑に囲まれ、花と果樹の香りが漂う村の森林率は九八パーセントに達しており、山林面積は三九〇〇ムー、果樹面積は一〇〇二ムーにも及ぶ。

中郝峪村に暮らす陳煥青さんは、もう一〇年以上も前から村で「おばあちゃんの茶のみ処」という名前の農村体験を営んでいる。

陳さんは「以前の農業収入はせいぜい年収一〇〇〇元といったところでした。ところが、村が農村ツーリズムを始めてからは、シーズンになるとお客さんが引きも切らず、並んで待っている状態です」と語る。

昨年末の決算では、売上に配当を合わせると年収二〇万元近くになったという。

陳さんの行っている農村体験は、村の観光開発企業からの請負業務だ。現在、中郝峪村ではすでに、「企業による運営」＋「プロジェクトごとの請負」＋「村民による出資」という発展モデルができ上がっている。現在のところ村内の九六戸で農村体験ができ、宿泊なら一度に四八〇人、食事は一五〇〇人まで対応可能で、今年はさらにベッドを一〇〇台増やす予定だ。

農村生活体験プロジェクトの初期段階で、観光客に辺鄙な山間の村まで来てもらうためのカギになるのが、道路だ。中郝峪村は循環交通網を絶えず改善し、観光ルートや主要幹線道路・補助幹線道路を全面舗装し、駐車場を建設した。体験メニューもどんどん豊富になり、ラフティングやアーチェリー場、野外体験型研修拠点……と、レジャー施設が日増しに充実してきている。

同村では二〇一五年以来、計七六〇万元が投下され、コミュニティーセンターや文化ホール、ユースホステルや農業体験ファームなどが作られている。今年はさらに、高級感のある民宿や農業文化ギャラリーなどの建設が予定されている。統計によると、二〇一六年、池上鎮に五一六戸ある農村体験農家を訪れた観光客は延べ六〇万人に達し、農民一人あたりの直接増収額は二〇〇〇元以上だったという。

注1　食いはぐれのない職業としての「鉄の椀」より、さらに高収入が見込める仕事を指す。
注2　春秋戦国時代に斉国により築かれた中国最古の長城。
注3　一ムーは六六六・七平方メートル。
注4　長江より北の地域。

第八話　山あいを走る「ツツジの花」

――五六三三号は恵みと幸せを運ぶ列車

陸　婭楠

二〇一七年三月二二日

選者より　江沢民の西部大開発の中心となった大西南地区。深山幽谷が連なるこの大地は多くの少数民族の居住区でもある。永らく貧困に悩まされてきたこの地域を支えてきたのがローカル鉄道。その歴史は高速鉄道にはないさまざまな心の触れ合いを育み、住民との交流の場となっていた。

中国西南部の辺境、大涼山の奥深く、緑皮車（注1）五六三三号がまた一本、東方紅トンネルを通って一路南に向かう。

「この列車は一九七〇年に開通したのよ。私は一番列車に乗って初めて外の世界を知ったの」と語るイ族（注2）の女性、爾古呷呷《じここうこう》さんは現在六六歳で、成昆鉄道の東方紅トンネル脇にある小さな売店の入り口で暖をとっていた。

「ありがたいね。おかげで山の子どもたちは視野が広がったよ」

五六三三号列車は四川省越西県の普雄を出発し、喜徳・西昌を経て攀枝花に至る。全長三五三キロメートル、停車駅は二六、所要時間は九時間七分である。高速鉄道が飛ぶように走る中国では、こうした平均時速四〇キロの小さな普通列車は確かに目立たない。しかしこの四六年間、イ族の旅客を何万人も乗せて山を走り、涼山に暮らすイ族にとっては「走るツツジの花」（注3）になっている。

生活を守る恵みの列車

全行程の運賃二五元五角、最低運賃二元、半世紀近く風雨に負けず

「間もなく五六三三号が到着します。危険ですから、黄色い線の内側まで下がってお待ちください」

四川省喜徳県にある沙馬拉達駅の薛東旭駅長はそう呼びかけた。次に、イ族のおばさんがジャガイモをつめた背丈ほどもある麻袋を背負うのを手伝う。その後ろに立っている子連れの母親には、「しっかり赤ちゃんを背負い、子どもと手をつなぐように」と促した。

〝沙馬拉達〟はイ語で「ツツジの花が満開の谷」を意味するが、一年の大半はそれほどロマンティックではない。海抜二二四二メートル、成昆鉄道の最高地点であり、毎年四カ月も雪が降り、半年は風力5級（注4）以上の強風が砂や石を巻き上げながら吹き荒れる。駅の警備室にアルミの合金で作った照明看板を設置してみたことがあったが、三日もしないうちに風で変形してしまった。

「よそから来た人たちは『どうしてこんなところに駅を造ったの？』と尋ねますが、ここは『こんなところ』ではありません。沙馬拉達の村民三〇〇〇人が町へ行くには、こうした五等（注5）の小さな駅が欠かせないのです」と話す薛駅長は、代々成昆鉄道を守る一家の三代目だ。

以前「緑皮車が廃止になる」というデマが広がり、地元の人たちが大勢詰めかけ、どうしたらいいのかと詰め寄ったことがあった。人々を落ち着かせながら薛駅長の気づいたことは、その切羽詰まった眼差しの背後にあるのは自分への信頼であり、また五六三三号列車に対する信頼でもあるということであった。

「町に列車で出かけなければ、食料品も衣服も手に入らないの」。ジャガイモ一〇〇キログラムを車両の入り口に置き、依秋阿呷さんは大きく一息ついた。毎月町へ生活用品や野菜を買いに出かけるのも、二人の子どもたちが喜徳県の中心部にある学校に通うのも五六三三号列車だ。西昌市の中学（注6）に通う親戚の子の場合、バスなら三回乗り換えねばならず、運賃は三〇～四〇元で六～七時間かかるが、列車なら七～八元で済む。

「バス代は列車より四～五倍高い上、毎日走るわけではなく、雪が降れば道路は通行止め。列車なら定刻通りに走り、これまで運休したことはない。列車がなければやっていけないよ」

五六三三号列車が走る大涼山は中国最大のイ族居住区域で、国が重点的に救済する貧困県が最も集中する地域の一つでもある。貧困扶助のため、全行程の運賃は二五元五角、最低運賃はわずか二元で、六〇歳以上の高齢者と貧困世帯は無料だ。一九七〇年七月の運行開始から半世紀近く、学校や病院に通ったり、市場に出かけたり、帰宅したりする乗客たちを風雨にかかわらず運んできた。イ族の人たちにとっては大涼山を走るライフライン、恵みをもたらす列車である。

「列車がなければ、市場で稼いだお金は全部交通費に消えてしまう」と話す乗客の吉克瓦さん。トウモロコシとメンドリを喜徳の市場に出荷すると一回で一七〇元のもうけになるが、小麦粉を買って帰る代金を除き、一〇〇元は喜徳県の中心部にある中学で学ぶ娘の翌月の生活費として貯めておかなければならない。

「五六三三号列車なら二元で済むし、快適さ。バスなら片道二〇元、往復で四〇元かかってしまう」

団結と幸福を運ぶ列車

公益貧困扶助列車は全国で計八一往復、二〇一六年の乗客数は延べ三〇〇〇万人近い

巡回点検していた阿西阿呷専務車掌が、車両に積み上げられたトウモロコシやジャガイモの袋の合間を縫って現れると、イ族の女性たちから、

「あら、阿呷さん、昼ごはん食べた？　元気かい？」と声がかかった。

阿西阿呷さんが返事をする間もなく、後ろで急に赤ちゃんが泣き出し、周りの大人たちがどうやっても泣き止まない。ところが阿西阿呷さんが慣れた手つきで抱きあげ、背中をトントン叩きながらイ語の歌を口ずさむと急に笑顔になり、トイレから戻ったお母さんの懐に無事戻った。赤ちゃんを抱き取った五果さんは笑いながら、

「阿呷さんには実のおばさんよりなついているのよ」と言った。

阿西阿呷さんが五六三三号列車に乗務してもう二〇年になる。おばあさんのために五〇キログラム以上のジャガイモを背負って乗り降りし、ある男性が車中でなくした家族写真を探し出し、にわか仕立ての分娩室で赤ちゃんを取り上げ、〝火把液〟（注7）を飲みすぎてボルテージが上がった男たちに仲直り

の握手をさせ、家出しようとする子どもをそばに置いて足を洗ってやり、家まで送る……大涼山のお年寄りや地元の人々はもう阿西阿呷さんを家族同様に思っている。阿西阿呷さんが乗務する日の見当をつけると、朝早くに用意したゆで卵、ベーコン、そば粉のパンケーキなどを懐に、駅までの山道を数時間急ぐ。みんな阿西阿呷さんのスタミナ補給をするためだけに、である。

この四〇年あまりで五六三三号列車には阿西阿呷さんのような乗務員がたくさん誕生したので、車内はお国なまりが飛び交い、和気藹々とした雰囲気に満ち溢れている。放送係の岳暁敏さんは時間があれば車両に出向いて子どもたちに鉄道の安全知識を教え、あわせて標準語を広めたので、このあたりでは「列車に乗った先生」(注8)、「岳先生」として知られるようになった。楊軍専務車掌は、仕事に就いて二〇年来、自宅での年越しはわずかに六回だ。

四〇年あまりの間に五六三三号列車も様変わりした。二〇〇〇年に成昆鉄道の全線電化が完了し、電気機関車を使うようになって速度も上がった。だが、イ族の醸し出す風情はさらに深まっている。列車には美しい模様の刺繍を施したおんぶ紐や丈夫な荷物袋、使い捨ての助産用品などが常に積み込まれているし、最後尾には改造した特殊な貨車がいつも連結されていて、中には地元の人が町の市場に必ず出荷する生きたニワトリやアヒルが積み込まれ、子ブタをつなぐ鋼の取っ手もついているのである。

注1　緑色の旧型普通列車。
注2　彝族。少数民族の一つ。四川省・雲南省・貴州省に広く分布する。
注3　イ族はツツジの花を大変好んでいる。
注4　風速八メートル～一〇・七メートルに相当。

注5　中国では鉄道駅を特等から五等までの六等級に分ける。五等は最も小さな駅。

注6　日本の中学校と高校に相当。義務教育に限ると中学校相当。

注7　四川省涼山地方特産の酒。

注8　原文〝孩子王〟。一九八七年の映画の題名。現在では、この名をもつ漫画や小説、子ども用品店などが多数存在する。

伝統は今も守られる

宅配便は町を駆け巡る

第五章　市民生活

第九話　どんな大きなトランクにも肉親の情は入りきらない

二〇一七年二月八日

選者より　留守児童・空巣老人・流動人口といった文字を目にして久しい。流動人口は一九八〇年代末にはすでに大量に発生し、その影響は中国の伝統的な家族制度の屋台骨をも揺るがしている。家族の絆をいかに維持するか、今、中国で家風の再建が叫ばれていることとも一脈相通ずる。

ここ数日、何億人もの人々がまた故郷を離れる列車へ乗り込んだ。ネット上にアップされた、マントウ・コメ・タマゴ・ギョーザを詰め込んださまざまなトランクの写真を見ると、思わず吹き出しもし、また言い知れぬ感動を覚えもする。

春節休暇から都会に戻る際の「愛情一杯のトランク」がいまホットな話題になっている。

「緑の祝福」を携えて

荘　永明

いとこ夫婦が仕事のため杭州へ戻ろうというとき、私と妻は家の野菜畑に行って香菜（注1）を摘み、お土産として渡した。いとこたちは都会人だが、実家で育てた野菜には特別の思い入れがある。身内からの「緑の祝福」はこの春節で最も愛情のこもった贈り物だろう。

いとこのように、故郷から離れて暮らす人たちはみなトランク一杯の祝福を受けたことだろう。母が疲れもいとわず、夜の内に焼き上げておいてくれた煎餅（注2）は「故郷の味を忘れないで」というものにほかならない。父は何度も何度も「体に気をつけろよ」と繰り返す。これも異郷でつつがなく暮らすようにという願いだ。こうした身内の温かい祝福と純真な願いに送られると、遠く離れた土地での暮らしをしっかり送ろう、と前進への意欲が満ちてくる。

春節は愛の給油所であり、祝福は最も温かい旅行バッグだ。「愛のために旅立ち、愛のため必死に働く」、そういう出稼ぎの人びとの新たな門出への激励として、「一年の計は春節にあり」という希望に溢れた言葉を贈ろう。

中敷きでほっこり。「足るを知る」を「足で知る」

韓　氷

正月が来てもうすぐ出発だ。祖母はいつも通り慣れた手つきで、都会に戻る子どもや孫の旅行バッグに靴の中敷きを何組か入れてくれる。次々と目に浮かぶ幼い頃の思い出。路地の外では忙しく人や車が行き交い、中では祖母がミシンに向かってていねいに中敷きを縫ってくれていた。

一針ごとに愛情をこめた綺麗な図柄には、若者を思うお年寄りの心が一杯に詰まっている。中国人として重んずべき学問と道理はおしなべて日々の暮らしの中に宿っているが、手作りの中敷きはそういった伝統を見事に体現しているではないか！

それぞれの世代にはそれぞれの青春時代の伴侶がある。祖母の世代ではそれが竹や糸で編んだ手工芸品になる。祖母の手並みは鮮やかで、中敷きに金色のハスの花や果物などおめでたい図案を刺繍する。正に形となった「慈母吟（母の思い）」（注3）である。

中敷きは足に敷くものだから「足るを知る」には縁がある。子や孫が故郷を出立するとき一緒についてくる中敷き。まるで祖母が一緒に歩いているようで、私たちの心を温めてくれる。

メンマは親心のもやい綱

王　瑋

春節に囲炉裏を囲んでいて、ふと顔を上げてハッとした。父の鬢には白いものが交じり、母も白髪を隠しようがない。火に当たろうと伸ばしたその手はゴツゴツとして幾重にもしわが重なり、皮膚も黄ばみ黒ずんでいる……二人とも年をとった。

私が「志を立て故郷を出で、名を成すまでは戻らないと誓って」（注4）から「春風の中、得意げに馬を駆り一日で長安中の花を見つくす」（注5）まで、遠くへ旅立つたびに父母は何くれとなく世話を焼き、愛情と名残を惜しむ気持ちとを食卓の上とバッグの中に注ぎ込んだ。一日三食を六回に変えることはできないが、家にいた数日は私の好きな料理が順繰りに食卓に上がり、父は台所で大活躍した。

「王さん、麻雀やらないか?」

「手が離せないんだ。娘が帰って来てさ、飯を作ってやらないとね」

父がその都度残念そうに、でも満面の笑みで返事をすると、隣のおじさんはフンと鼻を鳴らして帰って行く。隣の子どもたちは今年、帰って来ていないようだ。

「帰郷期間が短か過ぎて腕を振るえない」と父はいつも不平をこぼす。出発の間際には調理したおかずを真空パックして私の旅行バッグの中に詰め込みながら、「バッグが小さすぎる」とまたブツブツ文句を言う。

家を出る時、「さよなら」と手を振ると、母が突然追いかけてきて大きな包みを押しつけた。

「メンマだよ。お前のところじゃ手に入らないって言ってたろ。水気をよく切っておけば、長もちが……」、汽笛の音で後の言葉は聞こえなかった。

別れがたい。父や母の手に握られた親心というもやい綱は、いつも私の心にしっかり結び付いている。

注1　中国パセリ。コリアンダー、パクチーとも。

注2　小麦粉などを溶いてクレープ状に薄く焼き上げたもの。中に具を入れたものもある。

注3　唐代の詩人、孟郊の詩の題。母の愛情を詠んだ詩。

注4　毛沢東が父に捧げた詩の一部。日本幕末の僧、月性の詩を参考にしたもの。

注5　孟郊が中年になりやっと科挙「進士」に合格した後に作詩した「登科後」の一節。得意満面な様子の表現。

第一〇話　良い他人になろう

全　十一妹

二〇一七年一月一七日

選者より　人々が豊かな暮らしを求めて競い合う社会には活力がある。しかし、ともすれば、自分さえよければよい、という方向へ突き進んでしまう。内輪の人間の強固な助け合いと、赤の他人への情に欠けた対応とがしばしば取り沙汰される中国社会で、今求められていることとは……。

ある土曜日の夕方、ルームシェアしている住まいに帰ると、ドアが大きく開いていた。泥棒に入られたか、とドキドキしたが、同居していた女性が引っ越したのだった。

同居している間、私たちは深く付き合おうとはせず、出勤時や帰宅時に顔を合わせれば挨拶する程度で、同じ屋根の下で暮らしている他人同士だった。それでも、互いにマナーを心得た付き合いを続けてきたし、水道・光熱費の分担、台所やバス・トイレの共用に関しても何ら問題はなかった。

なのに今日、私が人生で袖すり合ったこの女性は、一言、声をかけることもなく引っ越して行った。自分の荷物を運び出すとドアは開けっ放し、残された私の持ち物がどうなるかを考えてはいない。私にはこれからも洗濯機が必要だということを考えずに、これまで二人で使っていた洗濯機を廃品回収業者に数十元で売り払い、私の食料品が冷凍室に入っていることを気にも留めず、冷蔵庫用の延長コードを持って行ってしまった。

宅配便の受け取りを頼む時は自分から電話をかけてきたのに、引っ越しの挨拶はする気にもならなかったということなのだろうか。自分が見限った惑星にはもう二度と戻って来ることはない、と言わんばかりの振る舞いである。

そう思うといささか物悲しくなってきた。もちろん、洗濯機や冷蔵庫の延長コードをまた買う面倒くささに対してではなく、血も涙もない他人に対してだ。

昔は交通が不便だったので人々の活動範囲も狭く、一生を同じコミュニティ内で過ごしたものだった。だから、それぞれの振る舞いについては誰もが分かっていたし、他人に対するすべての行為はそっくりそのまま自分に戻ってきた。良い行いをすれば良い報いがあったし、あくどい行為に対しては罰が与えられた。

しかし現代は様相が一変している。家族以外にも日常生活の中で他人と接することが多くなった。そうした人とは一期一会であり、その結果、他人に優しくすることが自分にとって直接プラスになることもなくなった。

こうした社会では、見ず知らずの他人に親切にしても、それは透過力のある放射線のようなもので、反射して自分に戻ってくることはない。となると、利害関係がまったくない他人に対して優しくなれる人がどれだけいるだろうか。それゆえ、他人に対して善意をもって接しようとする人は極めて少なく、貴重になったのである。

私の知人のある女性は、もう着ることのない衣服をきれいに洗濯して袋に入れ、ゴミ箱のそばに置く。袋には、ゴミ収集の人が処理しやすいように、「衣服はきれいなものであり、もう要らないものです」というメモが入れてある。

その女性が住んでいる居住区の何軒かの住人は、食べきれなかった食物を清潔なケースに入れて、居住区入口の花壇に置く。同じように、「食物は清潔で安全なものです。余ったものなので誰でも自由にお持ちください」というメモが挟んである。

以前、こんなタクシーに乗ったことがある。運転手の服装はきちんとしていて、運転も丁寧でスムース、ギアチェンジや車線変更、ウィンカーの操作も免許試験のお手本どおりで、規則を遵守しマナーも良かった。

「お忘れ物のないようにご注意を。領収書をどうぞ。気をつけてお降り下さい。ありがとうございました」

下車する時にかけられた一つ一つの言葉は自然で心がこもっており、マニュアル化された感じはまったくなかった。ある人にこの運転手の話をすると、その人はこう言った。

「ハイヤーだったんでしょ、貴族のように扱ってもらえたんだね」

いや、私が思うにあの運転手こそが貴族だ。私が心の底から敬服するのは、何事であれ手助けしてくれる親しい兄弟同然のものがいるとか、中国の大半に自分の仲間がいるという人ではなく、袖すり合ったどんな人にも優しく広い心を持ち、たえず善意で接する人である。

孔子は「入りては則ち孝、出でては則ち悌、謹みて信あり、汎く衆を愛して仁に親しみ、行いて余力有らば、則ち以て文を学ぶ」(注)と言う。

「孝悌」とは家族や友人に対するものであり、「謹信」とは仲間や知人への、「衆を愛し仁に親しむ」とは他人に対するものである。しかし、ともすれば人は本末を転倒し、理知的に「文を学ぶ」ことにかまけ、周囲の人に温かい気持ちで接することこそが人間の最も貴重な特質であることを忘れてしまう。

もし、他人に対し、誰もが優しく接することができていたなら、この世界はすでに素晴らしいものになっていたことだろう。

注　『論語』学而編六。

昔ながらの胡同は少なくなった

場所に合わせてゴミ箱もおめかし

第六章　農　業

第一一話　トウモロコシよ、さようなら
——ある東北農民の決心

方　円
二〇一七年二月八日

選者より　豚肉好きの中国人のお腹を満たすにはブタを飼育する大量のトウモロコシが必要。しかし、大豆から油を搾った後の糟がよい餌になることが分かり、トウモロコシの需要が大きく緩和され、その結果がトウモロコシ栽培農家を直撃。さて、その救済策は？

春節の五日目、朝早く母とハルピンのハーダー青果市場に行った。母は新鮮なシュンギクとニラを買って二種類の餃子を作ろうと言う。

何はなくとも餃子である。地元を離れて働いているものにとって故郷の餃子ほど懐かしいものはない。とはいえ市場は家からかなり遠い。

「野菜買うのにわざわざそんな遠くまで出かけるの」という私に母が言った。

「やっぱり違うのよ。あの市場の野菜はみんな地元で温室栽培したものなの。取れたてを売っているでしょ。だから餃子もおいしくなるってわけ」

ひそかに様子見に

「朝採れのキンサイ（注1）だ、新鮮だし安全だよ」

中年の男性が野菜売り場の横で店主に代わり大きな声で叫んでいる。

「ここにあるのは全部うちで食べてるものだ。農薬ゼロ、正真正銘の自然栽培、間違いないよ」

もともと人気の売り場がこの声で黒山の人だかり、男性は嬉しくて笑いが止まらない様子だ。

「確かに新鮮だし、値段も安いわ」と母。私は野菜を買いながら男性に話しかけた。

「兄さん、どこから来たの」

「双城区西官鎮の育仁村安立屯だよ、名前は馬海濤、海濤って呼んでくれ」

この海濤さん、一目見ただけで長年お天道様の下で土を耕してきた働き者の農民だとすぐに分かるし、話ぶりからもその素朴さが伝わってくる。

彼の話では、昨年一一月に地元の野菜栽培協同組合から温室を購入し、アブラナとシュンギクを一五ムー（注2）栽培しているそうだ。組合が農業資材と販売について責任を持つので、海濤さんは栽培と収穫に責任を持てばよいという。

「始めたばかりだからね、組合の韓さんは、よく売れているから大丈夫と言ってくれるけど、やっぱり気になってさ。でも今日市場に来て自分の目で見てその通りだと思ったよ。うん、うちの野菜、本当によく売れる」

海濤さんが住んでいる双城区は典型的なトウモロコシ生産地である。「トウモロコシの価格が大幅に下落し、農家は年越しの金に困るだろう」というニュースを思い出した私は、やはり聞かずにはおれなかった。

「今年、トウモロコシの収穫が芳しくないって聞いているけど」

「トウモロコシ一・五キロの値段がミネラルウォーター一本分じゃ、とてもやっていけないよ」

昨年の夏、海濤さんの家ではまだ五〇ムーの畑でトウモロコシを栽培していたそうだ。

「以前は五〇〇グラム八角（注3）だったのが今じゃ四角で、半分になっちまった。うちのトウモロコシ畑も、稼いだ金とかかった費用がどっこいどっこいで、手元にはこれっぽっちも残らなかったよ」

こう話して海濤さんは眉を曇らせた。

大胆な人間は新しい道を切り開く

当時、海濤さんの家の誰もが二〇一七年は間違いなく大変な年になると思っていた。トウモロコシ栽培が赤字になれば、やりくりするのがやっとだった家計が持ちこたえられるはずがない。

「おやじもおふくろも年だし、子どもは町で高校に通っている。金がかかることばっかりだ」

「脳みそを絞って何か違うことをやらなければと思ったよ。女房や子どもにつらい思いをさせたくないからね」。手詰まり状態のとき、村に新しくできた野菜協同組合に興味を惹かれた。

「トウモロコシを栽培している俺たちが困っているのを知った政府が、野菜と雑穀へ切り替えるよう奨励していて、しかも優遇措置もあるっていうんだ。じゃあ、やってみようか、と」

しかし、海濤さんがこの案を切り出すと何と家族全員が反対した。「こんなに貧乏になったのに、その上借金をしてまで野菜を栽培しようだなんて」というのだ。馬さんの家は先祖代々トウモロコシを栽培してきて、それ以外の作物は育てたことがない。

「大型の温室は三八万元、三年払いで一年目が六万元。わしらなんかには三八万元どころか最初の六万元だってとんでもない額だったよ」

一徹な海濤さんに押し切られた家族は総出で金策に駆けずり回り、やっと六万元掻き集めることができた。こうして、最初の植え付け時期に間に合うように自分の温室を手に入れることができたのである。温室は手に入ったし種子も配られたが、「ちゃんと育ってくれなかったらどうしよう」という懸念が海濤さんの頭から消えることはなかった。

最初に畑に出た日、思いもよらず、協同組合の技術指導員がやってきた。指導は無料だという。

「助かったよ。水のやりかた、温室の温度調整のしかたを教えてもらったよ」

指導員の教えを受けた海濤さんのアブラナとシュンギクは大豊作になった。

「アブラナは一ムーで二〇〇〇キロ収穫、組合にキロ四元で卸した。シュンギクは一ムー一〇〇〇キロでキロ一〇元弱だった。どっちも二ムー栽培したから、収穫時の人件費を差し引いても、たった二カ月で一万元あまり稼いだことになる」と、海濤さんは興奮気味に話した。

農民の収入増を後押しする構造調整

「『モデルチェンジ』という新しい言葉を覚えたよ。都会の人はみんな知っているだろうけどね。で、思ったんだ。俺のやったことはまさにモデルチェンジだし、しかもそれをうまくやったんじゃないかって」。この言葉は野菜協同組合の韓さんに教えてもらったそうだ。

海濤さんが言う韓さんとは韓立新さんのこと。同じ村のお隣さんで、協同組合を立ち上げた人でもある。海濤さんが野菜栽培に「モデルチェンジ」したのも韓さんに勧められたからだ。

野菜を運んで来た韓さんに会ったので、なぜ協同組合を立ち上げたのか聞いてみた。

「トウモロコシが立ち行かなくなったので、政府は他の作物を栽培するよう奨励しました。しかし、農民は多くが自分一人では対処できません。誰かリーダーが必要なのです。政府はいろいろ優遇策を取ってくれましたし、販路まで用意してくれました。ハルピンの他に、北菜南運——北部の野菜を南部へ、ということで、上海・杭州・南京へも販売しています」

双城区は二〇一六年、トウモロコシの栽培面積を三〇万ムー減らし、新たに陸稲栽培を二万ムー、サイレージ（注4）を五万ムー、雑穀を八万ムー、そして野菜及び商品作物を一五万ムー増やす計画を立てた。また、双城区及び周辺地区の野菜産業の発展を牽引し、南北間における需要と供給の好循環を生み出すために、北菜南運の拠点と南菜北運の集散地を作った。

「ハウスでは野菜を年三回栽培できるので年中無休です。最初が葉モノ、次にキュウリ、最後はサヤインゲン。今回の葉モノの豊作は一つのスタートにすぎません。春節の一〇日目からキュウリの植え付けが始まります。収量は葉モノより多いはずで、うまくいけば一日二〇〇〇元、大型の温室であれば一年で純益一五万元は確実です。そうなれば、私たち農家の生活は万万歳ですよ」と韓さんは語った。

注1　セロリに似たセリ科の植物。
注2　第七話注3参照。
注3　「角」は一元の一〇分の一。
注4　家畜用飼料の一つ。双城区は一九九〇年にネスレ社が双城雀巣有限公司を設立するなど乳業が盛ん。

第一二話　有機食品　値段は高いが品質は？
――五〇〇グラム三〇元のトマト、四九元のニンジン、四〇元のピーマン……

孟　海鷹

二〇一六年一一月二五日

選者より 食の安全に対する庶民の関心は高まるばかり。生産から販売に至るトレーサビリティも急速に普及し始めている。その一方で、金儲けになるのならと、偽物や劣悪商品が依然横行しているのも中国。その不信が爆買いを呼んだのだが、信用をいかに担保するかはまさに喫緊の問題。

都市と農村の住民の生活がよくなり、消費が拡大するのに伴って、有機食品に代表される高品質の農産物への需要が急速に高まっている。今年一月から一一月までに発行された有機食品認証番号（注1）は一五億四〇〇〇万枚。有機農業が引き続き発展し、消費者にとって味わい深く、生産者も前途に希望を持てることをいかに保証するべきか、記者は農産物の一大生産地である吉林省を取材した。

「今日のトマトは大きくて安い。五〇〇グラムで二元余りだ」

朝、家を出ると、朝市で野菜を買って帰って来た張おじさんにばったり出会った。大きな袋にいっぱいのトマトを提げている。一方、その日に長春市のスーパーの有機野菜の棚を見ると、トマトは五〇〇グラム当たり三〇元、ニンジンは四九元、ピーマンは四〇元……といった値段がついていた。

数年前から「有機」という言葉がはやっている。市場でずらっと商品が並ぶなか、「有機」という二文字を貼り付けさえすればすぐに値段が高くなる。人々は、多少高くてもよい食品を買おうと思ってはいるが、高い金を払って食べているのが偽物（注2）ではないかといささか気がかりにもなる。

有機食品はなぜこんなに高いのか？
単位面積当たりの生産量が少なくコスト高

吉林省双遼市張家村は小丘陵に囲まれ、かつては辺鄙な貧しい村だった。数年前、村の共産党支部の苑長紅副書記は村外に出稼ぎに行って啓発され、有機農業に狙いを定め、村に帰って村民に働きかけて七〇〇ヘクタールあまりの土地使用権を集めて新中農双糧栽培専業協同組合を作った。

協同組合の生産物は去年、中緑華夏有機産品認証（注3）の認証を受け、今年は吉林省ブランドの代表として第一七回中国自然食品博覧会に出品された。村の有機水稲と雑穀は北京・上海・広州・深圳に出荷され、村民の収入は数倍になった。

「有機肥料は豆餅（注4）あるいは海藻と貝類を発酵させて作ります。有機認証の基準は高く、土壌・肥料・水・気候など厳しい条件が求められます」

苑副書記が試算したところ、普通の米の栽培では一垧《けい》（注5）の土地の産出量は一一トンあるが、有機農法では七トンに止まる。

「しかし価格はいい。以前は五〇〇グラム五元のお米が、今では一五元から三八元で売れます」

吉林省農業科学院の董英山副院長も次のように試算する。単位面積当たりの有機農産物生産量は一般農産物の五、六〇パーセントだが、労働コストが大幅に増える。

九沙坪村村民の張艶さんがこの点を裏付けてくれた。

「私たちの田畑の草取りは人手に頼っています。普通は朝五時から午後六時まで働き、一日の手間賃は一五〇元です」

吉林省自然食品事務室の邱玉林主任は「価格と価値が一致している」と言う。一般的に言うと、食品には普通農産物・無公害農産物・自然食品農産物・有機農産物という四つの階層があり、「高コスト・低生産量」が有機農産物を食物ピラミッドの頂点に押し上げているとのことだ。

「有機」の真偽をどう見分けるのか
認証マークを見定め、正規のルートから買うこと

スーパーの棚の前で徐さんはトマトのパックを手に取り、ショッピングカートに入れた。

「子どものためよ。化学肥料や農薬は使っていないはず、でも確かに値段は高いわね」

穀さんは一万元払って会員カードを作り、ある有機農業村の会員となった。野菜を買うと三五パーセント割引になり、家への配送サービスも引き受けてくれる。ただ、

「時には気になることもあります。大金を払ったけれど、食べているのが本当に『有機』食品なのかって」と穀さんは言う。

「一般消費者は言うまでもなく、専門家でも本物かどうかの見分けは難しい。消費者にとって最も頼りになる見分け方は、やはり有機認証のマークを見ることです。一部の商売人が『有機』を騙るのは避けられない。高く売れるからです」と董副院長。

邱主任はこう説明する。

「わが国には二〇以上の有機食品認証機関があり、正規機関の認証を経た生産物には全て認証マークが貼ってあるので、二次元バーコードを読み取れば産地を調べることができます」

「市場には、金もうけのために認証を経ずに自分で生産物の上に有機のラベルを貼る者がまだいます。大企業・農産物大口卸売市場・大型スーパーでは関係部門が抜き打ち的に検査をすることがありますが、

非正規機関が販売する有機生産物は効果的な監督管理ができていません」

「有機」とは下肥で栽培することか
生産はそれほど簡単ではなく、厳格なプロセスがある

化学肥料や農薬を使わなければ有機農産物だと考える商売人もいるし、自分で畑を借りて昔ながらの下肥で野菜を作れば、なお一層「有機」だ、と考えている市民もいる。

「有機農産物はそんな単純なものではありません」と邱主任は否定した。

「ちゃんとルールに沿った厳格な一連のプロセスがあります。有機食品とは有機農業生産システムから生まれる食品を指し、有機農業の要件と相応の基準に沿って生産・加工され、かつ合法的な有機食品認証機関の認証を経た農業副産物とその加工品のことです」

国レベルで見ると、有機農業への施策も加速されつつある。二〇一六年五月、「『三品一標』（注6）を推進し、健全に発展を持続させることに関する農業部の意見」が打ち出され、全国有機農業モデル地区建設を積極的に推進していくことが明確に提起された。

吉林省政治協商会議は今年、有機農業を速やかに発展させる問題について詳細に研究した。

「吉林省は有機農産物生産の指導とモデル作りを根本から強化し、有機農産物の経営規模の拡大を推進します」と、省農業委員会の張永林副主任は語っている。

注1　有機食品の生産地をたどることができるよう認証機関が付与する一七桁の番号。

注2　原文は〝李鬼〟。李鬼は小説『水滸伝』の登場人物で、自分を豪傑の一人李逵《りき》と偽って悪事を働いた。転じて、偽物やペテン師

を指す言葉として用いられる。

注3　中国で最初に政府の認可を獲得した有機食品認証機関。

注4　油を搾った後で円形に固めた大豆かす。

注5　土地面積の単位。地方によって基準が異なり、東北地方では一垧が一五ムー。西北地方では三ムーまたは五ムーに相当する。ムーについては、第七話注3を参照。

注6　無公害農産品・エコ食品・有機農産品・農産品地理的表示を指す。

農家も様変わり

市場には新鮮な野菜が並ぶ

第七章　農民生活

第一三話　子どもたちによりよい明日を
——王斌さん二〇年の奮闘

洪　蔚琳
二〇一七年三月一九日

選者より　都市と農村の二重戸籍制度の改善が叫ばれて久しい。政府は急激な人口移動による大都市の機能不全を避けるため、都市の規模の程度に応じた傾斜的緩和措置を導入して徐々に一本化を進めているが、平等化意識に目覚めた民衆からの待遇改善要求は日増しに高まっている。

「北京に来て二〇年、一番強く感じたことは、北京で働くのは思ったより大変だということです。特に子どもができてからは」。河南省駐馬店市駅城区から来た王斌さんは、子どもの将来の問題に目下一番頭を悩ませていると言う。

二〇年前、王斌さんは一六歳で中学を卒業し、半年間家でぶらぶらした後、同郷の人と北京に出稼ぎに来た。

「その頃は若くて、大都市には期待とともに不安もちょっぴりあったけれど、いたって楽天的で、北京で何か仕事が見つかればそれでいいと思い、将来所帯を持って子どもを育てるなんてまったく考えもしませんでした」

彼の目には、北京で何かまともな仕事に就けば村に留まるよりずっと将来に希望が持てるように見えた。実家では毎年一家四人が小麦とトウモロコシの収穫に頼って生活しており、「豊作でも、かかった費用を差し引けば、一年でいくらも稼げなかった」からだ。

今、北京で出稼ぎをしていることは、確かに彼の生活に大きな変化をもたらしている。親戚の紹介で北京市東城区のある住居エリアの警備員になった。食事と住居が保障され、社会保険があり、毎年一万元あまり実家に送金できる。この仕事をひたすら二〇年続けてきた。

二〇〇五年、彼は家庭を持った。妻は同郷人で、数年遅れて北京に出稼ぎに来てアパレルショップの販売員をし、毎月四〇〇〇元あまり稼いでいる。

「子どもが二人できてから気持ちに変化が起きました。以前はただお金を稼ぐことだけを考えて悩みなどなかったのに、今では子どもたちの将来が心配になっています」という王斌さんには七歳と四歳の息子がおり、子どもたちの学校のことを考えようとすると頭の中が真っ白になってしまう。

王斌さんには、北京一時居住証・北京実際住所居住証明・北京就業証明など「五つの証明書」全てが揃っており、さらに勤め先が社会保険料を納めてくれていたので、長男は北京市の関連政策に基づき、九月に東城区の小学校にすんなり入学できた。四歳の次男はまだ幼稚園児だが、今のところ将来北京の小学校に通うことに大きな問題はなさそうだ。

このように、現行政策ならば子どもたちは中学校までなんとか北京にいられるものの、高校となるとやはり本籍地に戻らなければならない。

「その先、子どもたちは北京で大学を受験することができませんから。でも、故郷に帰ったとしても学ぶ知識や入試の内容は北京とは異なるので、適応できるかどうか心配です。とはいえ両親はもう高齢で、子どもたちを今預けることはできないし、やっぱり私たちのそばに置くしかありません」

この先、子どもたちが北京で大学を受験できる可能性について、現在の規定ではなかなか難しいと思う王斌さんだが、いつか北京が政策を変えてくれることに一縷の望みをかけている。

「どんな状況でも、今は子どもたちの進学のために最大限の努力をします」

王斌さん夫婦は、社会にこの先必要なのはハイレベルな人材であることを認識しており、学歴が低いことで子どもたちが自分たちと同じような人生を送ることを避けたいと考えている。

二人は、子どもたちによりよい明日が来るようこの先一〇年も頑張ろうと決めている。

「北京で暮らすのは大変だから、私たちは年を取ったら故郷に帰るしかありませんが、子どもたちには北京に留まって努力してほしいと思います。私は子どもたちのために少しでも良い道を切り開き、彼らが大人になったら、より良い暮らしのために自分で頑張れるようにしてやりたい」

第一四話　齢六〇でなぜまた出稼ぎに

魯　平

二〇一六年一〇月三〇日

選者より 農村における様々な因習故の出費が問題にされて久しい。どこかで断ち切ろうにも、それまで自分も付き合いで出費していたのだから、自分がもらうのをやめれば、一番損をするのは自分だ。さらには家がない男性は結婚できない風潮もいまだ吹き荒れている。

最近、故郷山東省の従兄から、「また女房と一緒に町へ出稼ぎに行く」という電話があった。従兄は今年六〇歳、「また左官をする」というが、体はもつのだろうか。安定した生活を送れるようになっていた従兄が、息子二人が相次いで結婚したため重い借金を抱えてしまったことを後で知った。

働き者の従兄は人に好かれ、また腕もしっかりしているため、村で普請があるといつも声がかかり、数年出稼ぎに行って、いち早く村でも豊かな家になった。お金ができると自分の家を新築し、さらに二人の息子にもそれぞれ家を建ててやった。

しかし数年前、長男が結婚することになったときのこと。なんと相手側は村に新築した家に満足せず、県城で2LDKの部屋を買うよう要求してきた。加えて、十数万元もする乗用車、さらに一〇〇元札で三斤三両（一六五〇グラム）、すなわち一〇万元（注1）を要求してきた。息子が嫁を迎えられるようにと従兄は歯を食いしばり、条件をすべて飲んだ。

最近結婚した次男の結納金はさらに多額だったが、次男にもちゃんとしてやろうと、自分は元の家に住むことにして新築の家を売却、蓄えをすっかりはたいた上にあちこちから工面もし、その結果、多額の借金を抱える破目になった。そこで、花嫁を迎えるめでたい式がすむと、借金返済のためやむを得ず出稼ぎに出たのである。

こうしたことは農村では決して珍しくない。今年初め、ある記者が調査したところ、農村地域では法外な結納金が一般的となっていて、黒竜江省海倫市の結納金は二五万から三〇万元もする。山東省南西部の農村では、〝万紫千紅一片緑〟（注2）にこだわる。つまり、五元札一万枚、一〇〇元札一〇〇〇枚、五〇元札は場合に応じて、という意味で、結納金は最少額でも一五万元になる。また河北省広平県で広く言われているのが〝一二三四五〟で、これは「庭が一つある二階建ての家に、一〇〇元札三斤（一五〇〇グラム）、四輪の自動車、男の両親が五〇歳未満であること」を表す。親が五〇歳以上の場合は結納金がさらに吊り上がる。

結納金は伝統的な習俗であり、双方の気持ちを示すものだ。しかし現在、農村では互いに張り合うせいで結納金は高くなる一方で、多くの農民がこれに苦しみ、中には借金が積み上がり、結婚貧乏に陥る場合さえある。

この数年、農村の結納金の額が上がる一方なのには様々な要素がある。「よそが八万元ならうちは一〇万元」という見栄の張り合い、さらには「嫁に出した娘は打ち水同様二度と取り戻せない、結納金は二〇年間育てた報酬」ととらえる昔ながらの考え。少数ではあるが娘を「金の成る木、融資をしてくれる建設銀行」と見なす者もいる。結婚のために男性側が抱える負債や、嫁いだ娘の幸せについてはまったく無頓着なのである。

高止まりする結納金は、農民のゆとりある生活にとって今や大きな妨げとなっている。三〇万から四〇万元近く支払わないと嫁を迎えられないとなれば、多くの家庭にとって大変な負担であることは間違いない。法外な結納金がまかり通ることは公序良俗の否定であり、農村の風紀を損ない、家庭内の諍いをかき立て、農村の安定に悪影響をもたらす。

法外な結納金は当事者自ら望んで納めているように見えるが、やむを得ずというのが本当のところだ。であれば末端政府（注3）は解決に向けて対策を講じるよう注力すべきである。ほとんどの農民は素朴であるが、また面子にもこだわる。娘を嫁がせる側が高額な結納金を欲しがっているように見えても、実は時流に流されて見栄を張っているにすぎないことが多い。

簡素な結婚式を行って、結婚後は幸せに暮らしている身近なモデルをもっと宣伝し、結婚に際して親に頼らず、自分の頑張りで豊かになった若夫婦を多く紹介すべきである。また、法外な結納金を求めながらその後は苦しい生活を送っている事例も取り上げるなどして、新しい結婚・新しい気風を大きな流れとし、間違った風潮を一掃するべきだ。

この数年間、農村地域の華美な冠婚葬祭への対策が各地で講じられており、参考に値する経験は数多くある。ポイントは農村における自治組織（注4）の積極性を引き出すことだろう。多くの農民は高額な結納金に反感がある。各地で決まりごとを定め、結納金の額を合理的なものにすべきである。

結納金の当事者——新たに結婚しようとする若い世代、特に女性がその考えを変えることが切に望まれる。結納金がどれだけ多くとも、日々の生活は結局のところ自分の力にかかっていることを理解しなければならない。優れた技術がなければ、あるいは堅実に働かなければ、結納金がどれほど多くても、前借りで食いつなぐようなもので、結局は使い果たしてしまう。親のすねを齧っても豊かにはなれないし、ましてや幸せな生活がもたらされるわけでもない。安定した生活は自らの両手にかかっている。

注1　斤と両はいずれも伝統的な重さの単位で、一斤は五〇〇グラム、一両は五〇グラム。三斤三両は一〇〇元紙幣一〇〇〇枚を示す。

注2　現在流通している紙幣はすべて表が毛沢東の肖像で、その色と裏に印刷されている図柄が異なる。紫は五元札（裏は泰山）、紅は一〇〇元札（裏は人民大会堂）、緑は五〇元札（裏はポタラ宮）である。

注3　都市部における街道弁公室、農村地域における末端の行政機関である郷・鎮政府を指す。

注4　村民委員会を指す。なお、都市部には同じく自治組織として居民委員会が設けられている。

税務手続きが24時間可能に

ものものしい駅の入り口

第八章　回顧

第一五話　せわしい街にゆったりと時は流れて

郭　震海

二〇一六年一一月一九日

選者より いつの頃か、「幸福指数」という言葉を人民日報で目にするようになった。〝向銭看〟（拝金主義）の言葉通り、誰もが金儲けに邁進した時代を経て、中国でも「清貧の思想」や「断捨離」が注目され、人の生き様に対する価値観が多様化し、何が幸福かに関心が集まっている。

都市に四季はない。いつも春のようだ。

狂ったように日夜増え続けるビルの群れはまるで雑草のよう、ますます高く、密集していく。枝葉となる高架橋が肥料を施したツタのように繁茂し、ビルの群れに幾重にも巻きつく。

この二〇年あまり、街はすっかり様変わりし、以前の面影はなくなってしまった。

唯一変わらないのが、我が家と路地（注1）を同じくするあの夫婦だ。夫の張徳発さんは相変わらず露店で靴を修理し、妻の高秀麗さんも変わらず路地の入り口で果物を売っている。

小さな街の朝は煮え立った湯のようで、車は決壊した洪水さながら我先にと急ぎ、道行く人も寝ぼけ眼のまま慌ただしく機械的に前へ歩む。朝のラッシュアワーは街全体がまるで競技場のようで、車も人も忙しい。

しかし張さんは例外のようだ。朝はいつも目が覚めるまで寝ていられるし、その頃には街は普段の様子を取り戻している。妻の高さんは油条《ヨウティアオ》(注2)を揚げている。ガスコンロの炎は程よく青々と燃え、高さんは慣れた手つきで生地を切り、引き伸ばし、鍋の中に入れる。コンロの火同様、あくせくする様子もない。油条がジュージューと賑やかな音を立てながら次第に黄金色になっていく。この二〇年あまり、高さんは毎朝こうして自分で油条を揚げてきた。そうするのが好きだし、手作りの朝食はおいしくて安心できる。

台所には一晩水に漬けて戻した大豆があり、小さな石臼で挽いて豆乳をつくる。石臼はとてもかわいらしい。下臼はどんぶりぐらいの大きさで、小さくて精巧だ。もともと田舎の人が捨てようとしていたのを偶然見かけた張さんが買って大事に持って帰ってきたもので、つやつやした大豆を石臼の穴から入れて挽き手を軽く回すと、挽かれた大豆の香りが家中に漂う。

午前一〇時すぎ、路地口の大きな木の下に床几と靴の修理機を置き、道具箱の蓋を開けると、張さんの店開きは完了だ。二〇年あまり靴の修理をしてきて、腕の確かさと真面目な仕事ぶりはこの界隈の誰もが知っており、靴が傷んだとなれば皆必ず張さんのところにやってくる。

高さんも平らな荷台の三輪車を押しながら、張さんが卸売市場から仕入れてきたばかりの果物を売る。張さんの近くに三輪車を置き、日除けの傘をさせば開店だ。こうして二〇年あまり変わらず誠実に商売を続けてきた。

張さんは仕事があればやり、なければラジオの講談を聞く。聞いているうちに堪えきれず大笑いする。高さんは小さな腰掛けに座り、道行く人に眼をやりながらゆっくり編み物をする。この二〇年あまり、一家は既製品のセーターを買ったことがなく、すべて高さんが手編みしている。ささやかな日々はこうして夫の笑い声と妻の編むセーターに包まれ、静かに流れる小川のように一日一日が過ぎていく。

二人はもともと国営紡績工場の従業員だったが、工場が倒産して揃ってリストラされた。だからといって、この世の終わりが来たかのように泣き騒いだわけではなく、一日中屈託なく新しい仕事を探していた。何度か転職した後、夫は靴の修理を選び、妻は果物売りを始めて、それが現在まで続いている。

夫婦が暮らしていた紡績工場団地の住居は、住宅制度改革後にいくらか支払って持家にした。その後、立ち退き（注3）があった際にはデベロッパーが補償をしてくれ、元の小さな古い家から広く明るい家に移れたので、夫婦はなおさら喜んだ。

「十分満足したよ。四部屋あって広々としているから、両方の親たちとも同居できたしね。毎日楽しく過ごしていたさ」と張さんはいつも言っている。

親たちが次々と世を去った後、息子も大学に進学した。学費を賄うために数年間は懐具合が厳しく、二人は倹約に努めて堅実に暮らした。張さんは生まれつき楽観的で、どんなに苦しい日々でも変わらず楽しそうにしょっちゅう鼻歌を歌っていた。知人が、

「張さん、あんた呑気すぎるよ。息子ももうすぐ卒業だろ。就職・結婚、それに家を買うとなったら、親父はどえらい出費だぞ」と言うと、張さんは笑って答えた。

「子どもには子どもの幸せがある。子どもや孫が俺みたいならお金などたくさん持っていても意味が

ない。俺みたいじゃないなら、お金をたくさんやったらダメになるってな」（注4）

それを聞いた知人はしばらくぽかんと張さんを見てから、首をかしげつつ去って行ったそうだ。

張さんの息子は確かにしっかり者で、大学を卒業するとすぐ武漢で仕事も結婚相手も見つけてきた。

結婚後、息子夫婦は張さんたちに、

「お父さんお母さん、子どもを大学に行かせるだけでも大変だったでしょう。僕たちはもう働いているし、これからは自分たちのことだけを考えてください。私たちは二人で頑張って武漢で家を買います」ときっぱり言った。

「よし、よし。うちの息子は見上げたもんだ」と、張さんは顔をほころばせた。

当今、人は皆、名声と富を追い求めてせわしなく、強迫観念に駆られている。やれ疲れた、やれイライラするなどと誰もが嘆き、じっとしていられないうえに他人に負けられない時代になってしまった。

しかし、張さん夫婦にはどこ吹く風。午前中、張さんはずっと木の下で講談を聞いては笑い転げ、近くにいる高さんはその様子をちらっと見て、

「ブタみたいな笑い声ね」とほほ笑む。

高層ビルの隙間から差し込む日光は金色で暖かく、風にも温もりがある。路地を通りかかった高級車が停まり、窓から頭を出した人が声をかけた。

「やあ、張さん、相変わらずだね」。顔を上げて見ると工場時代の同僚だ。笑いながら、

「そうさ、相変わらず」と答える張さん。元同僚は、

「本当に甲斐性のない奴だな」とつぶやいて走り去っていった。

この二〇年あまりの間に、張さん夫婦と同じ時にリストラされた友人にも様々な変化があった。ある

者は商売を始めて高級車に乗れるようになり、いくつも不動産を買った。ある者はお金を手にしたことで夫婦の間にひびが入り、離婚した。ある者は金儲けのために良心を捨て、法を犯した。

亭主は靴の修理、女房は果物売りで、二人一緒に仕事に出て揃って帰宅し、亭主はいつも鼻歌を歌い、女房はいつ果てることなく編み物をする……そんな暮らしをしているのは張さん夫婦だけである。

高層ビルが立ち並び、夕日が赤い。間もなく七〇歳になる夫婦は相変わらず靴を修理し、果物を売る。実のところ、私はこの老夫婦がだんだん羨ましくなってきた。毎日仕事から帰ってきて二人の穏やかな笑顔を見かけると、つい足を止めて見入ってしまう。慌ただしい都会の生活の中で、歳月はこの夫婦を特別扱いしているようにも思える。二人とも老け込むことなく、ますます若返っているかのようである。

注1　原文は「胡同《フートン》」。中国北方の都市に特有の伝統的な細い路地。

注2　中国式の細長い揚げパンで、朝食によく温かい豆乳に浸して食べる。露店で買ってくるのが一般的。

注3　都市計画に則り、法令に基づいて一般の住宅に要請される立ち退き。立ち退きに伴う損失は法律で補償される。

注4　清廉で知られた清末の官僚・林則徐の「子孫有若我者　留銭做什麼　賢而多財　則損其志。子孫不若我者　留銭做什麼　愚而多財　益増其過」（子孫が自分に匹敵する人物ならば、蓄財して何の意味がある。賢い者に多くの財を与えれば、志を損なって怠けることになる。自分に及ばぬ人物ならば、蓄財して何の意味がある。愚かなものに多くの財を与えれば、過ちを起こしやすくなる）という言葉を引用したものとみられる。もともとこれも、前漢の学者、疏広が残した「賢而多財　則損其志。愚而多財　則益其過」という格言がモチーフになっている。

第一六話　オンドルの温もり

祁　玉江

二〇一六年一一月一九日

選者より　日本人が炬燵に郷愁を感じるように、華北の人たちにとって真冬のオンドルは格別の郷愁を誘う。どんなに暖房器具が発達してもなお人々が懐かしむのは、そこに寄り添う家族の団欒、笑顔が何物にも代えがたいからだろう。四角い炬燵に家族七人、選者にもそんな昔があった。

私は土炕（土で作ったオンドル、以下オンドル）の上で生まれ、オンドルの上で苦楽を味わい大きくなった。暖かなオンドルは私の幼年期の記憶だけでなく、人生をも温めてくれた。

故郷に対する私の記憶はまずオンドルから始まる。広大な陝北（陝西省北部）地域に暮らしている故郷の年配者たちも、あの困難な時期に、やはり私と同じようにオンドルの温もりを感じていただろう。

寒くて長い冬、一年間あくせくと働いた農民にオンドルは暖かいひと時をくれた。父は学校に通ったことはないが、子どもの時に私塾の門前で授業を聞いたことがあり、結構字を知っている。暇さえあればオンドルに座って、頭を揺らしながら『三字経』や『百家姓』をゆっくり節をつけて詠んでくれた。言葉を覚えたての私は父の前に腹這いになり、「人之初、性本善」、「趙銭孫李、周呉鄭王」（注1）など、意味は分からないものの、おぼつかないながら父の後について一つ一つ唱えていた。

父の人生で一番の自慢は数えきれない程の戦闘に参加したことであり、それは父が最もよく語り、しかも永遠に語り終わらない話だった。ホカホカのオンドルの上で、手に汗握る生死を賭けた戦いの物語を私はどれだけ聞いたか知れない。それらのストーリーをとっくにすらすらと暗唱できるようになってからでもなお、聞くたびにハラハラドキドキしたものだった。

父は私の人生の師となった。ちっぽけなオンドルの上で私は、父のように強く勇敢に闘おうという、気宇壮大な志を抱くようになった。

子どもの頃、一家七、八人は一つのオンドルの古びた敷物の上に雑魚寝していた。毛布も敷布団もなく、枕など当然論外で、服を枕の代わりとするしかなく、一人一枚の掛布団でさえ贅沢だった。兄弟姉妹は往々にして一枚の綿のボロ布団を一緒に使い、引っ張り合いになってはよくけんかをした。そんなぎりぎりの状況でも、私は知らず知らずのうちに夢の世界に入り、ぐっすりと眠った。

当時、私たち兄弟姉妹はまだ懸命に働く年齢に達していなかったため、一家の暮らしは障害を抱える父と病気がちな母にかかっていた。

思えば両親はいつも席を温める暇さえなかった。毎日一番早く起き一番遅くに寝て、あらゆる時間を家業に費やそうと考えていた。夜、一日中走り回っていた私たちは夕飯を済ませると疲れて早々と横になって寝てしまう。しかし、一日中働いていた両親は依然として私たちのために休む暇もなかった。

豆粒のような明かりの傍、髪にかなり白いものが混じった母はいつもオンドルの焚き口側に胡坐をかき、目を細めて一針一針私たちの破れた服や靴、靴下を繕ってくれたり、さもなくば服のシラミを取ってくれたりした。一方、顔に皺が刻まれた父は、いつも口にキセルをくわえ、オンドルの煙突側に腰を下ろし、黙りこくって羊毛を紡ぐか、はたまた毛糸の靴下を編んで私たちが冬を越すための準備をしてくれた。両親が私たち子どものために懸命に働くひたむきな姿は、私の頭の中にいつまでも深く刻まれている。

「土地三垧（注2）に牛一頭、女房・子どもに温いオンドル」というように、オンドルは陝北人の生活の中心になっていた。

いつも思い出されるのは、母が炊きたてのご飯を黒い器に盛ってオンドルの真ん中に置くと、家族全員でそれを囲み、それぞれ自分のお碗によそってみんなでにこにこおいしく食べたことだ。白菜の漬物、ヌカで作ったマントウ、アワ粥、あるいはふかしたジャガイモ、カボチャの煮物など、ご馳走とは程遠いが、口に入れるとなかなかの味で、食べれば食べるほどうまさが増す。

当時、私たちはちょうど育ち盛り、食い意地の張った大飯食らいだった。この子どもたちにたらふく食べさせることは到底無理で、器はあっという間に空っぽになる。母はそんな私たちを思い、いつも箸をとらなかった。私が早く食べるようにと促すと、母はいつもお腹がすいていないと言う。実際にはそんなはずがない。母は懸命に空腹に耐え、衣食を残らず子どもたちに与えた。思い出す度にいつも錐で刺されたように心が痛む。

父と母はともに、若い時革命に参加した古参共産党員だ。父は従軍十数年、後に延安防衛戦で重傷を負い、やむなく退役して故郷に帰った。そして銃を鋤に持ち替え、新中国の建設に身を投じた。母も同じように党のため、大衆のために駆けずり回った。そう、共産党の思想で磨かれた父と母はどんなときでも、集団や大衆の事に心を配っていた。村の責任者になった父と母は我が家のオンドルの上で数えきれないほど会議を開き、多くの難しい問題を解決した。それぞれの朴訥な顔がランプの明かりに照らされ赤く輝き、毎回白熱した議論は真剣そのもので、人々の心を奮い立たせた……。

都会に移ってからは、生活条件もよくなり、マンションに住み、高級ベッドに寝て、食べ物や着る物も当然豊かになった。しかし、私にはいつも空中の楼閣に暮らすようで、食事は味気なく、心は虚しく、夜はぐっすり眠ることができない。
そんな時はいつもオンドルを、窰洞《ヤオトン》（注3）を、さらには今も変わらずあの土地で暮らしている故郷の人々を思い出さずにはいられない。そんなとき、いつも感じるのは、温もりに満ちたオンドルの上で寝てこそ、天地と心が通じ合い一体になれるということだ。故郷にとっぷり浸かり、触れ合い、深く寄り添い、その土地と抱き合い、溶け込んでこそ、人は心地よく、落ち着いて、幸せに過ごすことができるのである。

注1　「人之初、性本善」は子どものための古典的な修身教材である『三字経』の名句で、「人の性はもともと善である」という意味。「趙銭孫李、周呉鄭王」は同じく子どもの漢字の学習書であり、主要な姓をおおむね収めた『百家姓』の冒頭部分。
注2　土地の面積の単位。一垧は地方により異なり、記事の対象である陝北地域では三ムーまたは五ムーに相当する。ムーについては、第七話注3参照。土地があり、農機具があり、家族がいて、家があるという当時の中国北方における理想的な生活を表す。
注3　陝北地域の黄土高原にみられる伝統的横穴式住居。

第III部

社会秩序とモラル

第九章　法治

第一七話　裁判所が大胆な措置、踏み倒しは許さない
――武漢裁判所の四〇部門が合同で三〇項目の懲戒措置を提出

程　遠州
二〇一七年四月一三日

選者より　勝訴したものの賠償金を支払ってもらえず、被害者が窮地に立たされる「執行難」は長年の懸案だったが、ようやく解決の糸口が見えてきた。判決内容を履行しないと社会的制裁を受け生きていけなくなる、中国らしい究極の解決方法が社会の信用構築の切り札になりつつある。

執行規範細則を取りまとめ、案件全体の記録はすべて公開

なぜいつも「執行難」なのか。武漢市中級人民裁判所執行局の葉偉平局長は「関連する法律法規が十分に整っていないことが大きな原因だ」と考えている。ここ数年、最高裁は執行活動について次々に司法解釈・規定・意見などを出しているが、まだ実行性があまり高くない規定もある。

実践の中で法律規定のプロットと一つ一つ対応できていない部分が多いため、末端の裁判所による執

行が難しくなっている。そのほかにも、法律文書の体裁が不統一で実行プロセスが規範的でないという現象が、これまでしばしば起こっている。

「執行は司法の公正を実現する最後の段階であり、それがうまくいかなければ司法の信頼性を大きく損ねることになりかねない」と葉局長は言う。

こうした問題に対して武漢市中級人民裁判所は、二〇一四年四月から執行実施ポイント事前審査システムの整備を全面的に進めている。執行を始める前に、権利の帰属がはっきりしているか、文書が利害関係者に届いているか、執行手順終了の最終処理が規定通りか、といった重要な各段階を執行裁判法廷の監督審査に委ねる。同時に執行案件の手順管理システムを開発し、執行の立案や執行チェックなど三十数項目の制度を整備し、規則に則った執行、規定に沿った管理、手順通りの扱い、監督管理された過程という規範化された執行の枠組みを作り上げている。

さらに、武漢市中級人民裁判所は長年踏襲されてきた穴埋め式法律文書制度を廃止した上、「常用執行文書・筆記製作規範」をまとめ、一三三種類の常用執行文書を包括し、体裁から条項の引用まで統一的に規範化した。

弁護士調査令と懸賞付き財産追跡捜査制度を推進

執行の力不足は地方裁判所の悩みの種だ。昨年八月、武漢中級人民裁判所は「執行実施案件財産調査弁護士委託制度についての意見（試行）」を制定し、「執行申請人が客観的な原因により被執行人の手がかりを得られない場合、裁判所に弁護士調査令の発令を申請し、代理弁護士が関係組織と関係者に調査を行い、必要な証拠を得ることができる」と規定した。

「調査や証拠収集の難しさは、これまでずっと弁護士が職務を履行する際の難題、弁護士の調査に協力しない企業や事業単位がありましたが、現状ではずいぶん改善されました」

湖北省の某弁護士事務所の黄弁護士は、最初に申請された弁護士調査令二八件の申請者の一人だ。黄弁護士が調査令を申請したのは、武漢のとある不動産デベロッパーの隠し資産及び事件に関わる土地の性格を調査する必要があったからだ。この会社は投資ファンドへの六億元あまりの債務返済を滞らせ、四年に渡り返済していなかった。

規定によれば、弁護士は調査令に基づき財産登記職能部門で調査を行い、預金・証券・不動産・車輌といった資産上の手がかりを収集できる。なおかつ、調査令に基づく弁護士の調査は裁判所の執行人による調査と同様に見なされる。調査を受ける組織は弁護士調査令を受け取ったら証拠収集の面で積極的に協力しなければならず、借金を踏み倒すため故意に資産の証拠を隠匿したり、さらには破棄したりすれば、最高で一〇〇万元の罰金、組織の法定代表者に対しては一五日の司法拘留（注）が科せられる。

武漢の裁判所は社会的な力を借りて執行を強める試みも進めており、新たに懸賞制度を打ち出した。例えば、武漢市新洲区では、葉某という人物が、ある建築会社から借りた元金三〇〇万元と利息七〇万元の返済を引き延ばし、裁判所の調停で合意したにも関わらず財産を隠匿して執行を逃れ、執行官の多方面にわたる調査によっても成果が得られていなかった。

そこで、昨年九月八日午前、新洲区裁判所は、新洲区の主な広場や葉某が居住するコミュニティおよび家族が日頃出入りする公共の場所に公告を貼り出して本人の写真を公表するとともに、その行方と財産につき情報を提供した者への謝礼として、一万元の懸賞金をかけた。その日の午後、葉某は自ら裁判所に連絡し、三カ月以内に返済する旨約束し、同年一一月末、三七〇万元あまりを一括して裁判所に納めた。

今年一月から江岸区と新洲区の裁判所で始まった懸賞制度は、武漢市の市レベルと区レベルの裁判所で採用され、武漢市全体において懸賞金付きの『踏み倒し』追跡調査が行われるようになった。規定では、懸賞の必要性や金額の多寡はいずれも申請執行人が自分で決めることとしている。懸賞公告の発表方法は紙媒体やテレビ、あるいはネットや屋外広告から選択できる。また団地などパブリックスペースの掲示板に貼り出すこともできる。


信用喪失の代償を大きくするために合同信用懲戒のさらなる強化を

「『踏み倒し』でいったん信用をなくせば、あちこちで制約を受けます。高速鉄道や飛行機に乗れないだけでなく、旅行・レジャー・消費も制限されるし、公務員にも出願できません……」

今年二月、武漢市中級人民裁判所は「踏み倒し」懲罰のために四〇部門合同で三〇項目の懲戒措置を発表した。

この措置により、経営面で信用の失墜した被執行人は、金融関係機関の設立、民間の商業行為、優遇政策の享受が制限されるだけでなく、生活面でも、高級ホテルの宿泊、ナイトクラブやゴルフ場での消費、不動産の購入、高額な私立学校への子女の入学なども制限される。

現在までに、武漢の裁判所は最高裁信用喪失リストに四万九二五六名をアップしている。そのうち六七六一名の信用喪失被執行人が合同信用懲戒を受けた後に債務を返済し、その総額は合計一億六〇〇〇万元あまりになった。

しかし、今のところ執行案件での結審数は増え続けているが、被執行人の履行能力は減退する傾向にある。その原因は一部の被執行人に実際上執行する財産がないこともあるが、一方には、財産があっても企業の体制改革などが妨げとなって処置が難しいこともある。

「社会の情報化程度が不十分なため、執行逃れに対処する法規がまだ少なく、違法行為が支払うべき代償もわずかなのです」と武漢市中級人民裁判所の李進副所長は言う。

「信用喪失者がやっていけなくなるようにするために、今後、合同信用懲戒にはまだまだできることがあります」

注　民事拘留とも言う。裁判の正常な進行を保証するため、訴訟活動を妨害する者に対して人民裁判所がとる強制的拘束措置。

第一八話　黒幕を排除し、村の顔役を一掃せよ
——日増しに巧妙化する村の顔役たちの犯罪が取締りの新たな難題に

張洋、倪弋

二〇一七年二月二四日

選者より　農村改革の最大のネックは、旧中国で土豪劣紳と呼ばれていた輩同様、社会に深く根を下ろした顔役たちの存在。多くが権力者とつるみ、ときには権力者の座に居座る。この積年の通弊を取り去らない限り、三農（農業・農村・農民）問題の解決は見えてこない。

昨年来、公安機関は、農村暴力集団の犯罪行為に対する厳しい特別取り締まり活動を継続して展開しており、典型的かつ社会的影響のある事案を厳しく摘発している。先日、最高人民検察院も、村の顔役及びその一族による暴力集団を法に基づき断固として取り締まるよう、これまで以上に強く求める意見（注1）を特に出し、文書で配布した。

政法機関（注2）による容赦のない厳しい取り締まりにより、相当数の村の顔役たちがお縄になり、農村の治安状況は以前より好転した。中でも河南省鄭州市航空港区大寨村の元治安保全担当部長、張中彦の事件こそは、その典型的な事例に他ならない。

「大寨がどうなるかは部長さま次第」。これは張中彦のことを言う洒落言葉（注3）である。彼は不法な利益を得るために家族や武術学校の学生を丸め込んで組織化し、犯罪行為はやりたい放題、自身を頭目とする暴力団的性格の犯罪組織を次第に形成し、「九部部長」（注4）とまで呼ばれるようになった。

現地裁判所の審理によれば、張中彦は長期にわたり村の治安保全部長という立場を利用して「治安隊」を組織し、村民や商店経営者から衛生費・場所代・賃貸料などを巻き上げ、市場の秩序を著しく混乱させた。大寨村付近に工場労働者が多く集まっているという特殊な条件を利用して、暴力を後ろ盾に賭場を開き暴利を貪った。張中彦は同時に大寨村の電気工事業者でもあり、電気料金を勝手に釣り上げて徴収し、二〇一二年から二〇一四年だけで正規料金との差額一〇〇万元あまりを手にしていた（注5）。

さらに、二〇一五年元旦に張中彦の息子張東榻が自動車運転中に接触事故を起こした際、張中彦の手下たちがすぐさま事故発生現場を取り囲み、相手方のドライバーの頭部を殴って出血させ、張中彦もその後現場処理に来た警察官を殴ったのみならず、「この航空港区で俺の息子に手を出す奴がいたら、半殺しにしないではおかない」と喚きたてたこともわかった。

三カ月間にわたる事件捜査の末、張中彦ら主立った容疑者一九名は全員逮捕された。二〇一六年六月、河南省新鄭市人民裁判所は、張中彦の暴力団的組織に対し公開裁判を行い、一審の判決では、張中彦に対しては複数の罪状で二五年の有期懲役と一〇万元の財産没収、罰金三一万元の判決が、その他一八名のメンバーについてはそれぞれ一六年から一年の有期懲役を科すとの判決が下された。

国家検察官学院職務犯罪研究所の繆樹権所長は次のように述べた。

「すでに摘発した典型的な事件から見ると、この種の事件は通常、関わる罪状が多岐にわたり、事件関係者も多いという特徴があります。罪状は、故意による傷害・強奪・業務上横領・集団暴力・騒動の挑発・贈収賄などで、さらに一つの事件に複数の罪状が伴っていることもしばしばです」

また、華中科技大学の呂徳文准教授は次のように語った。

「現在、一部の村の暴力集団は、これまでのようにあからさまに暴力で民衆を抑えつけるのではなく、巧妙な手口で民衆の財産を強奪するようになっています。彼らは党や地方政府の幹部を丸め込んで腐敗させる、あるいは表の顔と裏の顔の二つの役割を演ずるなどしています。例えば、農村のインフラ建設や土地収用による立ち退きなどのプロジェクトに伴う争議をあおっておいて、自分で収束させるわけです」

繆所長も同様に、「村の顔役とその一族を中心とした暴力集団の多くが怖いものなしでいられるのは、後ろ盾があることと深く絡んでいる」という見方を明らかにし、次のように述べた。

「村の暴力集団を徹底的に摘発するキーポイントは、その背後にいる黒幕つまり国家公務員の汚職収賄・職権濫用・職務怠慢等の職務犯罪を厳しく取り締まることです」

注１　二〇一七年一月一九日の「検察機能を十分に発揮し、村の顔役及び同族を中心とした暴力集団を法に照らして制裁し、農村における調和及び安定を積極的に擁護することに関する意見」のこと。

注２　情報・治安・司法・検察・公安などを主管する。

注３　原文は〝順口溜〟。民間における韻を踏んだ軽妙な言い回し。

注４　公安局の治安担当部長であった張中彦が、その管轄事項を超えて権限を持つようになったことを示す。

注５　中国では〝物業〟（不動産管理会社、マンションの管理人等）や〝電工〟（電気設備工事人）が電気料を徴収することもある。

汚職撲滅は重要課題

第一〇章　モラル

第一九話　親は品性を教える最初の教師

二〇一六年七月二六日　趙　蓓蓓

選者より　「文明」が「マナー」・「エチケット」という意味で使われ始めたのは二一世紀初頭の北京オリンピック招致決定後。そのオリンピックの二年前には「恥を知ろう」と「八栄八恥」というスローガンが。学校教育の成果で低年齢であるほどモラルが高いという逆転現象も起きている。

野菜を盗む母と、咎める息子

山東省淄博市　辺　増進

数日前、市場でキュウリを買っていたとき、身なりのよい若く美しい女性を見かけた。その女性はキュウリを買って支払いをした後、店主が客の相手に忙しい隙を見て、さらに一本持っていこうとした。と、そのとき――

「お母さん、なんで盗むの」。そばにいた小さな男の子が大きな声を張り上げたかと思うと、女性の手からさっとキュウリを奪い取り、店に戻した。女性は狼狽して息子に指を突きつけて言い返した。

「母さんに向かってなんてことを言うの。母さんはね、いつもここで買い物をしているの、一本ぐらいおまけしてもらってもいいじゃないの。盗むだなんて人聞きが悪い」。すると息子は、

「お母さん、恥ずかしくないの。どう見たって盗んだんだよ。おまけだ、なんてよく言うよ」とますます怒り出した。

人前で面目を潰され居たたまれなくなった母親が、やむなく息子を引っ張りその場を立ち去ると、居合わせた人々があれこれ言い始めた。

「あんなしっかりした子があんな分別のない母親から生まれるなんて、どういう巡り合せかね」と一人のおばさん。店主が言った。

「もう十何年も野菜を売っているけど、こんなことしょっちゅうだよ。こすい客がまるで当然のようにキュウリやトマトをくすねていくんだ。商売だから泣き寝入りするしかないよ」

イベントでわかったマナーのレベル

山東省威海市　袁　壮志

先日、とある会社がテーマパークで行った大規模な親子イベントに息子を連れて参加した時のこと。親子ともに楽しめる様々なプログラムが組まれ、集まった人たちは大いに楽しんだ。

主催者側はイベント参加者のために各種の飲み物や軽食も用意していた。ところが、「飲食物は十分に用意してありますので、整列して順番にお受け取りください」というスタッフによる再三の呼び掛け

にもかかわらず、大勢の人々がどっと群がり、子どもをけしかけて奪い合いをさせる親まで出る始末。おかげで食べ物が台無しになったり、体がぶつかり合ったりすることは避け難く、なかなか食べ物が手に入らずにスタッフを罵倒する老人までいた。

また、イベント会場には多くのごみ箱が設置されていたにもかかわらず、空になったペットボトル、ティッシュペーパー、食品のパッケージをその場に投げ捨てる親たちもいて、芝生のあちこちにごみが散らばっていた。

イベントの最中、私がごみはごみ箱に捨てるように言うと、息子は不服そうに口をとがらせた。そこで私はやむなく真顔でこう言い聞かせた。

「食べ物を奪い合うのもいけないが、ごみのポイ捨てはもっと恥ずかしいことだ。みんながここで楽しく遊べるのは清掃員のおじさんたちが一生懸命芝生をきれいにしてくれているおかげだよ。感謝の気持ちを表すのに一番大切なのは、その芝生をゴミで汚さないことだ」

すると息子は素直に従い、さらにイベント終了後、私の手を引っぱってこう言った。

「お父さん、僕たちもおじさんやおばさんたちと一緒に芝生をきれいにしようよ」

娘の問いかけに母は絶句

貴州省興義市　孔　峰

「ママ、どうして赤信号なのに渡るの。『赤止まれ、青進め』って先生に教わったよ」

ある日、交通量の多い街中の交差点で信号待ちをしていたときのこと。流行の服をおしゃれに着こなし、メガネをかけ、いかにも教養がありそうな若い母親が、三歳ぐらいの女の子を抱いたまま車の流れを縫うように道路を横切った。そのときその愛らしい女の子があっけにとられた様子で尋ねたのである。若い母親は一瞬はっとしたようだったが、一息おいて、わざと落ち着き払った様子で答えた。

「大丈夫、運転手さんが気をつけてくれるわ」

「道路交通安全法」（注1）には「通行人は交差点を通過し、あるいは道路を横断する際、横断歩道もしくは道路横断施設を通らなければならない。信号機のある横断歩道では信号機に従って通行しなければならない」と規定してある。

現在、幼稚園では子どもたちの安全を守るため、交通安全の基本知識を歌で教えている。例えば、「赤止まれ、青進め、道路はよく見て渡りましょう。交通ルールをしっかり覚え、マナーを守る子よい子です」（注2）というように。

先生に習った交通ルールをお母さんがどうして守らないのか、女の子は納得がいかなかったのだろう。

注1　中華人民共和国道路交通安全法。二〇〇三年一〇月二八日に第一〇回全国人民代表大会常務委員会第五回会議を通過、同日公布され、二〇〇四年五月一日施行。

注2　原文は〝紅灯停、緑灯行、過馬路、要看清、安全規則記我心、講文明好児童〟

第二〇話　ドキュメンタリー番組『斉魯家風』

楊　卓遠

二〇一七年三月二一日

選者より　日本ではほぼ死語になりつつある「家風」という言葉。本来、国には「国柄」、家には「家柄」、人には「人柄」があり、家の場合は「家風」とも。また、会社では「社風」と言う。「修身斉家治国平天下」の思想が復活しつつある中国では、今、「家風」再構築がホットな話題に。

最近、『斉魯家風（注1）』（全六集）というドキュメンタリー番組が山東衛視（注2）のゴールデンタイムに放送された。この番組は斬新な撮影方法によって、「斉魯家風」が孔（子）孟（子）文化の土壌で育まれ、新しい時代の下で創造的な進化と革新的な発展を成し遂げた歴史的過程を活写した。

「国家は徳なくして興らず、人は徳なくして立たず」（注3）。よい家風は、中国の優れた伝統文化を発揚して社会主義の中心的価値観を実行するための、最も活力に富み直接的かつ効果的な手段である。習近平総書記は「家庭・家庭教育・家風を大切にする」よう求め、しばしば「古きものを今日に役立て、過去を以て現在を照らす」という方針を強調し、伝統文化の「創造的な進化及び革新的な発展」の実現を強調した。「孔孟の故郷、儀礼の国」である山東省がドキュメンタリー番組を通して「斉魯家風」に対する詳しい解釈と解説を行ったことは、間違いなく非常によい手本となる。

『斉魯家風』の主旨は斉魯文化の根源からよい家風を抽出して明らかに示すことである。番組は山東の悠久の歴史が生んだ実在の人物や事件に拠って、斉魯の家風から斉魯文化の根源へと遡り、その源流の中に斉魯のよい家風、中国のよい家風を形成した歴史の軌跡を探求した。幅広い文化領域を渉猟したそのストーリーは感動的で、家風の内容を充実させるとともに優秀な伝統文化を発揚する道筋を切り拓き、それによってよい伝統文化と家風が一体となって人を鼓舞し、人格を形成し、人を育む。

伝統文化の中で人の心に最も影響を与えるものが家風であり、向上や善意を育んでいる。『斉魯家風』の題材は私たちが熟知している伝統的な家風や家訓に限らない。六集にわたるドキュメンタリー番組を通して広い意味での家風に着眼し、詩経や書経の文化、孝道文化、誠信文化（注4）、廉政文化、さらに家や国を思う気持ち、また沂蒙紅嫂（注5）、焦裕禄（注6）など現代の共産主義家風の歴史的伝承についても触れている。

顔子（注7）の子孫の顔炳罡が儒学講堂を開いたことから、沂蒙紅嫂の張淑貞（注8）が八路軍（注9）の子どもたちを育てたことまで、また、山東地方の魯の商人、孟洛川（注10）の誠実な経営から、焦裕禄の精神の伝承・発揚まで、斉魯文化とその素晴らしい家風が互いに渾然一体となって育み合った時系列的側面を生き生きと映し出した。

さらに注目すべきは、『斉魯家風』が古今を融合し呼応させるという新たな創作手法を通して、斉魯の優れた伝統的家風の現代社会における「創造的進化、革新的発展」、そして「現実の文化と融通しあい、ともに文化人に奉仕するという時代的任務」を十分に示したことだ。

ドキュメンタリー番組では、孔子・曾子・管仲・范蠡・顔真卿・匡衡・鄭玄・戚継光・鄭板橋・張自忠といった斉魯の先哲の歴史的事跡と、現代の家風伝承における代表的人物であり、山東大学儒学高等研究院副院長の顔炳罡、済南の市民で八〇歳の動けない母親を抱えて頑張る蘇機来、新時期（注11）の県共産党委員会書記の模範となった王伯祥元寿光県共産党委員会書記、ソマリアで犠牲となった武装警察官張楠、ギリシャ孔子学院の祖利軍院長らの実際の事績とを結びつけ、時空を交錯させつつ描写するよう努めている。また、小康社会（注12）を全面的に実現しようという新しい時代における、斉魯の優れた伝統的家風の各要素の新しい姿、および優れた家風を今日称揚する重要な意義とを余すところなく紹介している。

特筆すべきは、紹介される内容が生き生きとしており、生活感に溢れていることだ。山東省済南市三徳範村の村民である張列才さんは尼山聖源書院（注13）に学んでから村の儒学講堂の教壇に立ち、自らの理想を訥々と述べた。

「さらに多くの人を善人にすれば、大地の実りもよくなり、家畜の育ちもよくなり、学問の教えもよりきちんと行われるようになるだろう」

注1　斉魯は山東省のこと。古代、今の山東省に斉・魯という国があったことに由来。「家風」はここでは山東省一帯での習慣や教えを指す。
注2　山東電視台（テレビ局）の衛星放送チャンネル。
注3　習近平が用いたスローガン。随所で引用され、胡錦濤政権以来よく使われた「社会公徳・職業道徳・家庭美徳・個人品徳」を総括する語彙として、「公民道徳」という語とともに用いられるようになった。
注4　誠実さや信望を重んじる文化。
注5　抗日戦争の時に山東省山間部沂蒙山区で活躍した婦人グループ。
注6　一九六六年、河南省蘭考県で県の共産党委員会書記に就任。県民を率いて風砂防止・治水・土地改良にあたり、先頭に立って範を示した。滅私奉公する彼の精神を「焦裕禄精神」という。
注7　春秋時代末期の魯国の人。孔子の一番弟子。顔回・顔淵・子淵とも。
注8　共産党員。沂蒙紅嫂の一人。抗日戦争の時に八路軍（注9参照）の孤児を集め「戦時託児所」を開いた。

注9　日中戦争時に華北方面で活動した共産軍（紅軍）の通称。中国工農紅軍が 国民革命軍第八路軍として国民政府指揮下に編入されたことによる。

注10　孟子六九代の子孫。山東省の有名な商人。

注11　一九七八年以降の改革開放時期を指す。

注12　「ややゆとりのある社会」。習近平は二〇二〇年までに全面的に完成させるとしている。

注13　孔子が生まれた地とされる尼山にある、開放的文化学習を行う教育機関。

静かな時が流れる四合院の中庭

名所ではトイレ表示も独特

第一一章　青　年

第二一話　恋愛は大学の必修科目か

劉　天彤、陳　国偉、劉　維濤

二〇一六年八月二三日

選者より　学内での恋愛を禁止している学校のことがしばしば紹介される。高校生の恋愛についての本も話題になった。若者の恋愛はどうあるべきか、「男女七歳にして席を同じくせず」はいかにも古いが、恋愛は、儒教的モラル感が根強い中国ではいまだに古くて新しいテーマだ。

愛し合い高め合う

朱心雨さんと尹西明さんが恋人になったきっかけは、二〇一三年の春節の年越し食事会だった。二人は清華大学の学生。朱心雨さんはターミナルケアのボランティア活動のため帰省せず、尹さんもチャレンジカップ大会の準備で学校に残っていた。そこで二人は大学側が用意してくれた年越しの食事会に参加したのだった。

ともに経営学部の学生だったことがきっかけとなって話をしているうちに、互いの共通点が非常に多いことに気付いた。同じクラシック音楽の授業を受けたことがあり、交換留学生としてそれぞれフランスとシンガポールから帰国したばかりという共通点もあった。また、二人とも教育支援活動に携わったことがあり、公益活動に熱心だった。堅苦しい雰囲気が徐々に和み、すっかり打ち解けて、気がつけば深夜三時まで話し込んでいた。

大学四年生になったとき、尹さんが心に決めた目標の一つは読書の時間を十分確保することだった。そのために二人の時間が少なくなる心配があったが、二人はうまい手を考えた。相談して、「ジジババ読書会」という微信（ウィチャット）のアカウントを開設し、毎日読書日誌を書いて感想を互いに共有することにした。こうして二人は互いにきちんと読書するよう励まし合い、普段なかなか口にできない相手への思いも文字にのせて伝えることができた。

ところが元々は恋人同士が心を通わせ合うこの交流の場が、思いもかけずだんだんと読書愛好家たちに注目され、参加者も増えていった。これがきっかけとなって二人は清華校友読書会設立などの活動に参加したほか、何度も校内イベントを催して学生たちに読書を呼びかけた。

遅寝遅起きを改善し、健康的な生活習慣を身に付けるため、二人は早起きしてジョギングをする計画も立てた。毎朝七時に起床し、ジョギングをしながら夜明けを迎える。走った後に毎回ウィチャットの「モーメンツ」（タイムラインのようなもの）に記録を残した結果、多くの友人やクラスメートも参加するようになり、収拾がつかなくなってきた。そこで今度は「清華早朝ジョギング部」コミュニティを結成し、今ではメンバーが二〇〇人を超えている。

「早朝ジョギング部」を結成して一〇〇日目に、尹さんと朱さんは結婚した。

人のためより自分のため

天津大学では「恋愛学の理論と実践」という選択科目が設置されている。計三二コマのカリキュラムで、学んだことを学生が実際に応用できれば満点がもらえる。現実に多くの大学が必修のメンタルヘルス科目に恋愛心理学の授業をわざわざ設けているが、今まさに青春時代の真っ只中にいる大学生にとって、そのような授業が設定されていようがいまいが、恋愛は人生で必ず直面する課題である。

「ルームメートの恋人探し」が、多くの大学宿舎での「あるある」になっている。相手を見つけてシングルから脱出した学生を「脱単」と言い、部屋を挙げて祝福する。旭さんは六人部屋だが、うち四人が「脱単」に成功したので、次は旭さんの番だ。ルームメートは熱心に相手を紹介するだけでなく、恋愛経験を惜し気もなくさらけ出してくれる。

「『お見合い』のたびにみんなは事細かに計画を立ててくれました。何を着ていくか、どこで食事をするか、どんな映画を見るかなどすべて一緒に相談するんです」と旭さんは無邪気に笑う。

だが例外もある。旭さんは向かいのベッドで足を組んで本を読んでいる孫凡さんを指さし、「優等生の世界は君たちには理解できまい、って感じだね」(注1)と言った。

孫凡さんは勉学に専念し、すでに博士課程の推薦を受けており、本を読み論文を書くことは彼の日常になっている。

孫さんは本のむこうから頭を出し「僕は一人で楽しんでいるというか、自分のことで手一杯なのです。惚れた腫れたなんて後でゆっくり考えればよい」と笑った。

シングルでいる理由には理想が高いことも挙げられる。大学三年生の林敏さんは清楚で可愛いので男子学生に人気だ。しかし彼女はいまだに誰とも正式に交際したことがない。

「一人でいる理由は、恋愛は真剣に向き合うべきもの、と思っているからです。いい加減な彼氏ならいないほうがまし。そうでなければ、自分自身にも人にも無責任だから」とのことである。

中国人民大学メンタルヘルス教育・カウンセリングセンター主任の胡鄧博士は次のように語った。

「恋愛をする過程とは、好きな人から自分に足りない点を学ぶ過程です。人にやさしくすることを学び、自己中心的だったのが他人を思いやれるようになっていく。それはどんなに仲のよい友達でもダメで、愛する人とともに成し遂げる必要があるのです」

胡博士のこの言葉には、恋愛は若者の人格形成に重要な役割を果たすものだという、胡博士のキャンパス恋愛観も含まれている。「九〇後」(注2)の多くは一人っ子であり、恋人と付き合うことによって男女の役割を認識できる。また、失恋など挫折の経験によって精神的に成長することもでき、それまた成長段階の貴重な経験になる。

光輝く青春期に大学のキャンパスで熱く愛を語り合う。キャンパス恋愛自体はとやかく非難すべきものではない。愛する人と力を合わせて未来を切り開くのも、心穏やかな孤独を味わい、世界の豊かさを探索するのも、同じように尊重、肯定されるべきなのだ。

注1 二〇一四年に中国の無料小説サイト「晋江文学城」で発表された同人小説のタイトル『(網王)学霸的世界你不懂』(優等生の世界は君には分からない)をもじったものと思われる。なお(網王)はマンガ『テニスの王子様』を指し、主人公が『テニスの王子様』の世界にトリップする設定となっている。

注2 一九九〇年代に生まれた人を指す。

第二二話　お見合いレポート

孫　小静、呂　紹剛、呂　中正
二〇一七年二月九日

選者より 三〇歳を過ぎても結婚相手が見つからない若者が増えている。一人っ子が結婚せず、子どもができなければ、先祖の祀りも絶えてしまう。「孝」を尊ぶ儒教文化が浸透している中国、高齢化が進み、介護が大きな問題となりつつある中で、結婚難の解決は日々切実になっている。

お見合いロードの親たち「子どもが三〇過ぎても相手がいない、心配だ」

「おたくのお子さんおいくつ？」、「どちらにお勤め？」、「自分の家をお持ちなの？」……母として三五歳になる娘の身を案じるようになって久しい楊さんは「お見合いロード」を行ったり来たりして、これはと思う人に出会うとすぐに質問をする。

もうすぐ年の暮れだが、北京市の中山公園は人が行き交い、身を切るような寒風も、子供のために良縁を求めにくる親たちの情熱をさますことはできない。

お見合い会は毎週木曜日と日曜日に開かれている。折りたたみ椅子一つ、保温マグ一つ、娘や息子の情報をびっしり書き込んだ身上書一枚というのが、ここでの標準装備だ。

「北京の女性、一九八九年生まれ、身長一六四センチ、容姿端麗、北京の有名大学で金融学修士課程修了、一流金融機関に勤務、両親とも公務員、経済条件良好……」など、様々な身上書が公園の川辺にずらっと一列に並んでいる。

大まかに見て、女性が約七、八割を占めている。男性は少ないものの、大多数が大学の学部卒以上の学歴で、一流大学の修士・博士あるいは海外からの帰国組も多い。基本的には戸籍はみな北京市で、家とマイカーを持っている。楊さんによれば、身上書の記載が多いほど本人の条件が良くなり、その分要求も高くなるという。

「うちの息子ときたら仕事一途で、もう三〇過ぎなのにまだお相手がいないの。私が焦って何度かせっついたら、やっと私がここに来ることに同意したわ」と、息子の嫁探しに気が気ではない劉さんは笑いながら言った。

どんな条件の女性を探しているのか尋ねると、劉さんはちょっと口ごもってからこう答えた。

「地道に暮らしていて、タバコも酒もやらない人がいいわね。私たちは根っからの北京っ子で、家もマイカーもあるし、だから経済的にどうのこうの言うつもりはないのよ」

今では多くの都市の公園で定期的にお見合い会が開かれているが、主役である息子や娘は仕事が忙しくて時間が取れず、往々にしてやきもきしている両親が取り仕切っている。現代社会は多様性を重視しているので、誰も妥協したがらないが、多くの独身男女は交際範囲が狭いため、お見合い会がそれをうまくカバーしており、これが公園でのお見合いの盛り上がりに一役買っている。

ネットの恋もまた縁　一度も会わないうちに気心の知れた友人に

記者の前で楊雲真さん夫婦は幸せ一杯な様子だ。

「私たちは共通の趣味が多いんです。お互いをよく理解し合っていて、結婚してから三年間、一度も喧嘩したことがありません」

雲真さんと夫はネットで知り合った。

「当時私はまだ大学生で、二人ともある国際的なソーシャルゲームで遊んでいました。たまたまお互いが上海市虹口区にいることを知って、すぐ声をかけました」

「初めのうちはネットでチャットするだけだったけど、普段の生活では会うことがないので、かえってずっとオープンになり、どんな本音も話せるようになったんです」

二人はすぐに共通の趣味が多いことに気づいた。たとえば二人とも歌を歌うのが好きで、好きなバンドも一緒だった。ネットで友だち付き合いをした五年の間に二人はそれぞれ恋をし、そして別れた。

「お互いにいい友だちだったので、恋愛のプロセスもシェアして写真を送って見てもらったりしていました。それで私たち、一度も会っていないのにお互いに何でも知っている友人になり、特別な信頼感が生まれました」

三年前、二人はオンラインからオフラインへ移り、手を携えてこれからの人生を過ごすことを決めた。雲真さんは彼を連れて父親に挨拶に行った。父親は初めて見る花婿候補をじっくりと「品定め」したが、とても感じがよく、性格が穏やかで、娘とウマが合うことがわかり、ようやく安心した。

「あまりよく知らない人と話すには話題を探さなきゃいけないから、人付き合いはちょっと苦手なんです。オンラインのように、話が合わなければ返信しないで終わり、あとはちっとも関わらないというわけにはいかないし。その上、ネットでは背景の異なる様々な経歴を持つ人と接することができ、日常生活で付き合う友人の範囲よりはるかにバラエティに富んでいます」と雲真さんは言う。親戚が雲真さんに見合い相手を紹介したこともあったが、

「でも、それって取り引きみたいじゃないですか。給料はどれくらいか、どんな家を持っているのか、

とまず条件を見て、それからそれぞれ見定め合って結婚すべきかどうかを考えるなんて」。雲真さんはこういうやり方にはとても我慢できないのだという。

愛情実験室　自ら見合いサイトに。遊びながら縁を探す

夢婷さんは深圳のある貿易会社でブランド品のプロモーションをしている。いつもは仕事が忙しく、交際範囲も狭かったので、素敵だと思える相手との出会いは一度もなかった。いつの間にか三〇歳近くなった彼女は、両親から見ると「適齢期を過ぎた売れ残り」になっていた。

「私だって一生『独りぼっち』はご免よ。両親の言いなりになるよりも、自分から仕掛けたほうが」と、去年五月、夢婷さんは見合いサイトに登録して会員になった。当時サイトではちょうど新しい見合い形式の「愛情実験室」をスタートさせたところだった。

「見合いする男女をある特定の状況に置いて一連の交流をさせます。お互いの行動や習慣などに触れることで、相手が自分に合っているかしっかり見分けられます」と愛情実験室ＣＯＯの檀陽さん。

夢婷さんはすぐにサイトの会員として招待を受け、参加した。「仲人」役が彼女に引き合わせたパートナーは韓さんといい、彼女より二歳年上で、ファイナンシャルプランナーだった。

実験室に入ると、彼女と韓さんは別々のメイクルームに入って待機するように言われ、その後、仮面をつけてｉＰａｄのアプリを使い、相手の写真をパズルのように組み合わせた。

「こういう対面の仕方ってなかなかユニークでしょ」と夢婷さん。写真を組み合わせたら、さらに各自心理テストをやって、それによって自分の恋愛中の心理や行動傾向を知り、予測する。

その後、二人はコミュニケーション体験エリアに案内された。そこには、リング状のシーソー、梅花

椿（注）、丸木橋、吊り橋などの体験プログラムがあり、まるで遊園地のようだった。

「遊びながらコミュニケーションをとるうちに不安や気まずさが消え、親密度がどんどん上がっていきました」と夢婷さんは語る。

実験を終わって一カ月が過ぎ、夢さんと韓さんの気持ちは盛り上がっている。本当にお見合いが成功したかの目安は少なくとも半年付き合えるかどうかとのこと。しかし、すでに二人とも、お互いへの愛が「時の試練」を受ける準備はできている。

注　別名「梅花拳」といい、梅の花の形状に立てた杭の上に立って行う拳術の練習方法の一つ。

第一二章　子どもたち

第一二三話　誰が迎えに来てくれるの？
——早い下校に遅い出迎え、この時間差を解消するには

龔　相娟、肖　家鑫、姚　雪青、李　茂穎、鞏　育華

二〇一七年四月一〇日

選者より　子どもの誘拐が頻発する中国。近年、政府も誘拐撲滅に力を入れ、法整備を含め取締りを強化してはいるが、親たちの心配は尽きない。多くが共働きの中国では下校時刻と退勤時刻のタイムラグをどう埋めるかが悩みの種。一時預かりも増えたが、高額なうえにケアの質に問題が。

「我が家の二人の子どもは別々の小学校に通っているので大変です」と言うのは天津市の王さん。「以前は子どもを迎えに行くなんてどうってことないと思っていましたが、どうしてどうして。下校が早すぎて、仕事を早く切り上げざるを得ません」

子どもの下校時刻は早く、親の退勤時刻は遅い。この厄介な「時間差」のせいで、子どもの迎えに「三時半問題」を抱えている家庭は多い。

迷い——早退するか、祖父母に頼るか

小学四年生の双子の息子を持つ江蘇省南京市の朱さんは、夫と次のような役割分担をしている。勤務先の遠い夫が毎朝息子たちを学校に送り、下校時には職場が学校に近い朱さんが迎えに行く。

「早く迎えに行かなければならないので私は早退の常習犯です。普段、自分の時間はほとんどありませんが、子どもが中学生になったら少しは楽になるでしょう」と自分を慰めるほかない。

どうしても子どもの送り迎えができない親は、祖父母に助けを求めることが多い。四月五日の午後、下校時刻を前に北京市呼家楼中心小学校の校門に集まってきた保護者の中には高齢者の姿が目立つ。六三歳の欧陽苑華さんも一年生の孫を迎えに来た。

「本当は故郷の湖南省のほうが気候が良いし、口に合う食べ物や楽しみもあるけれど、苦労している娘がかわいそうだから手伝いにきているんです」。欧陽さんも、親がまだ仕事中の三時や四時に学校が終わるのは早すぎると思っている。

この時刻は何ともタイミングが悪いという祖父母もいる。

「マージャン仲間だって孫を迎えにいくような人とは一緒に遊びたがらないわよ。だってみんなが盛り上がっている最中に行ってしまうからね。もちろんそのうちに誘われなくなるわ」と欧陽さんはあきらめ顔だ。

退職——子どもが最優先、専業主婦が増加中

祖父母に送り迎えを頼むのも一つの方法だが、社会の変化に伴い、今は高齢者も個人の空間や時間の自由を重視するようになってきた。

「用事があると言えば友だちは誘ってくれず、孫が学校に行った後、手持ち無沙汰になるのよ。かといって用事がないと言えば友だちから遊びに行こうと誘われるけれど、やっぱり行けないわよ。迎えの時間までに戻れないと困るから」

欧陽さんによれば、自分の生活スタイルが出来上がっている高齢者も多い。しかし孫の送り迎えをしなければならないとなると、そのスタイルをまったく守れなくなる。祖父母も手伝えなくなれば、親はどうすればよいのだろう。

放課後、天津市の睦南公園では子どもたちが広場で遊んでいた。傍らに集まった保護者には高齢者が多い。おしゃべりをしながら夕暮れの光の中で子どもたちを見守っている。だが、同市に住む富さんは例外だ。縄跳びの縄の端を娘と片方ずつ持って二人跳びをしている。

「私は休暇を取らなくてよいのです。今はフルタイムで娘をみていますから」と富さんは言う。

富さんの娘が通うのは私立の小学校で、公立より下校はやや遅いが、それでも娘を迎えに行くのは夫婦ともに無理だ。市外に住む祖父母も様々な理由で手伝いに来られない。

「今年辞めたばかりですが、まだ若いのに何もしないでいるのはよくないと迷っています。夫の収入だけに頼るのもプレッシャーだし」。富さんの身近にも退職した友人はいるが、その人は自宅でできるデザインの仕事を見つけた。

「私もパートタイムの仕事を探したい。時間が自由で子どもの世話もできるから。でも、そんな仕事はなかなか見つかりません。たいていの企業はやはり通常勤務を求めるし」

学童保育施設——質はピンキリ、高額料金も

天津市南開区や山東省済南市などの一部の小学校では下校時刻にフレックスタイムを導入しようとしているが、全国のほとんどの地域では、学童保育施設に子どもを預けることが多くの親にとって「やむを得ない選択」になっている。

山東省済南市の各小学校の校門前は、下校時刻になると子どもを迎えに来た人で一杯になる。多くは祖父母だが、「××子ども食堂」、「××学習塾」と書いたプラカードを掲げた若者も多い。少なくて五、六人、多ければ十数人の子どもを集めてそれぞれの施設に連れていく。

小学生の母親である済南市市中区の鄭さんによると、小学校の近くにはたいてい子ども食堂や学習塾がある。親の退勤と子どもの下校の「時間差」によって大きな市場が生まれているのだが、その多くが無資格で、食品の衛生条件や講師の質が懸念されているにもかかわらず、料金は高額なところが多いそうだ。

「それでも、家族に面倒を見る人がいなくて親が長期休暇を取れなければ、致し方ありません」

この種の施設の質は多くの保護者にとって頭痛の種だ。

「子どもを施設に預けるのは決して理想的ではないけれど、『やむを得ない選択』ですよ」と天津市浜海新区に住む王さんは言う。

「私たちは共働きで祖父母も遠方に住んでいるため、施設に預けるしかありません」

学童保育施設のメリットは、放課後すぐに子どもを迎えてくれ、施設によっては夕食まで食べさせてもらえることだ。しかし王さんは施設の質や講師のレベルが心配なので、学校に正規の学童保育施設を設置してほしいと望んでいる。

「昆明市の学童保育施設はピンからキリ。食べさせ宿題をさせるだけにしては高額で、月に一〇〇〇元以上が普通」と、今年三年生になったばかりの子を持つ母親、陳さんは言う。

「時間差」問題は放課後だけでなく、昼休みや、夏休み・冬休みなどにも共働き家庭を悩ませる。

「夏休みには特別クラスもあるけれど、一日約一〇〇元で、済南市のサラリーマン家庭にとっては大きな負担ですよ」と言うのは鄭さん。この「時間差」のために二人目を産むのに二の足を踏む親も多い。鄭さんはまさにその一人だ。

「共働きでは、子育てしようにもどうしようもないことがあります。弟か妹を持たせてやりたいけれど、今の大変さを考えればあきらめるしかありません」。済南市がこのほど全面的な導入に踏み切った下校時刻のフレックスタイム制に鄭さんは大いに期待している。

「子どもが学校にいれば親は安心です。経済的にもずいぶん助かるしね」

第二四話　乳幼児の面倒は誰が見る？

――保母・祖父母頼りの「子育て方式」が悩みの種に

呉　月輝

二〇一七年七月二二日

選者より 中国で専業主婦が増え始めた、と言うのは耳新しいが、事情を聞けば、なるほどと思う。核家族化が進み、祖父母との同居が減る一方、儲け第一主義の杜撰な託児所が多いのでは、安心して共稼ぎできない。しかし、専業主婦になるには夫の収入が高いことが必須条件になる。

三歳以下の乳幼児の保育に難題
保母がいない、幼稚園が受け入れない、民間託児所は玉石混淆

「あぁ、頭が痛い！」、北京市朝陽区に住む田媛さんは最近保母さん〈注1〉のことで頭が一杯だ。

三五歳の田媛さんは今年三月に二人目の子どもを出産した。多くの家族同様、田媛さんも高いお金を払って「月嫂《ユエサオ》」〈注2〉を雇った。「月嫂」は主に田媛さんと二人目の子どもの世話をし、上の子の面倒は祖父母が見てくれる。「月嫂」がいなくなると田媛さんはすぐ保母を探し始めた。

「実は友人が一人紹介してくれたのですが、実家の都合で辞めて帰ってしまいました。団地の仲介ですぐまた別の人が来ましたが、何日も経たないうちに、今度は母が彼女のことを気に入らず、辞めてもらいました。仕事ぶりがいい加減で、皿洗い一つ満足にできず、母が洗い直さなければいけなかったのです」

その後次々に七、八人面接したがいずれも気に入らず、そうこうするうちに半年間の産休はあっという間に終わろうとしていた。

「家にいる間はまだ一緒に子どもの面倒を見ることができましたが、仕事が始まると、両親に任せるしかありません。けれど二人とも年だし、足腰も弱くなっていて、二人の子どもの面倒は見きれません。特に下の子はまだ六カ月、幼稚園にも行けないし、本当に焦ったわ」と田媛さん。しかし、田媛さんはまだ運がいいほうだ。少なくとも面倒を見てくれる両親がいる。

北京のある事業会社で働く陳芳さんは、「二人っ子政策」が全面的に実施されたことで心が動いたと言う。子どもは好きだし、息子も兄弟ができれば大きくなったときに心強い。しかし、欲しいには欲しかったのだが、現実を考えて結局は二人目を諦めたそうだ。働く母親の多くは田媛さんや陳芳さんのよ

うな困惑を抱えている。

現在、中国の多くの省で女性の産休は六カ月と定められている。つまり、赤ちゃんが六カ月になると、母親は職場に全面復帰しなければならず、そのため昼間は赤ちゃんの世話ができないし、さらにほとんどの幼稚園は三歳以上の幼児しか受け入れてくれない。それでは六カ月から三歳までの二年半の間、誰が乳幼児の面倒を見てくれるのだろうか。

現在の託児様式では不安
託児サービスには明らかに不備、お年寄りでは支えきれず、保母は教養に問題が

仕事を辞めて育児に専念する母親はまだ少ない。多くの家庭は祖父母や保母に子どもの世話をしてもらうか、民間の託児所に預けるしか方法がない。だがどの方法にも様々な問題があって、満足には程遠い。

「祖父母に子どもを預かってもらってとても助かっていますが、二人とも年々衰えていくため衣食の世話で精いっぱいだし、育児に関する考え方ではいつも私たちと揉めます」と田媛さんは例を挙げた。子どもの運動神経や感覚神経を刺激するため、田媛さん夫婦はよく子どもにハイハイをさせたり、泥遊びをさせたりしたが、祖父母は服が汚れるのを嫌ってあまりさせようとしない。食事でも、祖父母は「大人が食べさせるほうがよい」と言うが、田媛さんたちは「自分で食べさせるほうがよい」と思っていて、なかなか意見が一致しない。

国家衛生・計画出産委員会が二〇一六年一一月に公表した調査報告書によると、昼間祖父母に面倒を見てもらう幼児は全体の八割を占めており、そういった祖父母の半数が「やむを得ず」やっている。特

に一人目の面倒をみた祖父母に「二人目の面倒はみたくない」という人が増えた。たとえ喜んで孫の世話をしたくても、年齢と健康上の理由で往々にして思うようにはいかないようだ。

若い親たちにとって保母を雇うのは痛し痒しだ。保母は定着率が悪く、質もまちまちで、多くの働く母親が半年間に何度も保母を替えた経験がある。

「安心して子どもを預けられる保母さんに巡り合って辞められたくなかったら、せいぜいご機嫌をとって定期的に賃金をアップしたり、祭日にはご祝儀をあげたりしなければ」と陳芳さん。

一方、中国では託児サービスの提供がまだまだ不足している。調査によると、〇歳～三歳児の入園率は僅か四パーセントで、先進国の五〇パーセントには遥かに及ばない。

「子どもの頃の託児所が本当に懐かしい」と田媛さんは振り返る。

「私の小さい頃は、町内にも企業にも公営託児所がありました。両親は仕事へ行く前に私を職場の託児所のおばさんに預け、仕事が終わるとまた私を迎えに来て一緒に家に帰りました。安心だし余分な手間も省けます。でも今はもうそんな託児所はなくなってしまいました」

記者の調査によると、一九八〇年代末から九〇年代初期まで、多くの国営企業や政府部門には託児所があったが、二〇〇三年から二〇〇五年にかけて市場化とともに取締りを受けて姿を消してしまった。二〇一二年に「就学前三年間活動計画」が公表され、規範化幼稚園の建設が提案された。クラス人数や入園年齢、園児一人当たりの面積などが明確に規定されたことで、数多くの公営幼稚園が続々と託児所を撤廃した。

公営託児所がなくなると、チャンスに乗じて民間に次々と乳幼児託児所が開設された。しかし、中国の現行法規に基づいて教育部門が審査後に発行する許可証は、知識や技能を伝授する訓練機関だけが対象であり、〇歳～三歳の乳幼児託児所は対象外になっている。つまり、これらの乳幼児託児所は工商登録するしかなく、その工商部門は経営行為に対する監督管理はできるが、教育内容や保育者の資質、環境といった問題に対する監督管理はできない。

乳幼児の健全な成長は国の将来を左右
公立の専門託児所を作り、既存の民間託児所には規範化と監督を

「人が生まれてから最初の三年間は脳の発達が最も速い時期であり、心身とも健全に発育する重要な時期でもあります。この三年間で受ける養育が生涯にわたる脳の機能に影響を与えます。国内外の多くの科学者の研究結果によると、幼少期の脳の発達がよかった人には、後の勉強・就職・人間関係・健康面でよい結果がもたらされます」

「逆に、もしこの時期に乳幼児に対しきちんとした養育を施さなかったら、成長の段階で様々な問題が起こる確率が高くなるのです」と中国科学院心理研究所の施建農研究員は述べる。

だが、祖父母・保母及び私立託児所の保育者の全体的な質はまだまだレベルが低いようだ。

「世代が違うと生活習慣が時代にそぐわない点が多く、特に教育を受けていない、あるいはその程度が低い祖父母は正しい育児の知識がなく、科学的な育児方法も知りません」と施研究員は指摘する。また、ある専門家は託児機関についてこう分析した。

「民間経営の託児所は玉石混淆で、完全に金儲けを目的に開設されたものもあるし、専門知識がない保育者や基礎的訓練を受けたことがない保育者もいます。それでは安心して子どもを託すことができません。その上、保育者は入れ替わりがかなり激しく、一カ所で一年ほど働いたらすぐ辞める者も多いよ

うです」。そこで、施研究員は提案する。

「この問題を解決するには、まず政府がこれを重視しなければなりません。これはシステムプロジェクトであり、統一された計画が必要です。託児機関の設立に関しては、公営と私営を並行して発展させる必要があります。まず、専門性の高い公営託児所を多数作り、同時に幼稚園の入園年齢を三歳から〇歳に引き下げることを検討すべきです」

「次に、既存の私営託児所を規範化し、監督管理制度を強化し、保育者に対して厳しい査定や定期的な研修を行って専門性を高めます。その他、『育児嫂』(注3)市場を規範化し、『月嫂』や『育児嫂』たちに対する管理や専門訓練も強化しなければなりません」

「最後に、科学的な評価基準システムによってしっかり体系化し、育児機関や保育者の仕事を評価することが非常に重要なカギとなります」

幸い、三歳児以下の託児難問題に対して政府部門がすでに注目し始めている。国家衛生・計画出産委員会の王培安副主任は、先日記者のインタビューを受けた際、「各方面の力を発揮させて託児施設を建設し、皆の関心がある乳幼児問題を解決するつもりだ」とコメントした。

注1　日本の保育士とは違い、子どもの世話もしてくれる家政婦のこと。
注2　出産後の母子の世話をする専門の家政婦。
注3　〇歳児～三歳児の育児を手伝う専門知識を持つベビーシッターのこと。

第Ⅳ部

生活と文化

第一三章　交通

第二五話　バイクハンターがマナー向上に一役
――シェアサイクルの発展には社会の参与が必要

雅婷

二〇一七年四月二五日

選者より　あっという間に広がったシェアサイクル。自動車による渋滞に困っていた政府にとって、地下鉄の普及もさることながら、近距離で自動車を使わず移動でき、排気ガスも出さないシェアサイクルはうってつけ。その一方でルールが未整備なため混乱も生じ、対策にてんてこ舞い。

昼間はエンジニア・学生・サラリーマン、夜になると自前装備で「妖怪退治」に出動するハンターたち、その名はバイクハンター。

報道によれば、現在、中国には数千名のボランティア・バイクハンターが存在し、破壊されたり放置されたり、私物化されたりしているシェアサイクルを写真に撮って通報し、さらにできる限りそれらを側溝や個人の宅地から救い出しているという。マナー違反という「妖怪」を狩り出す義挙は称賛に値するが、同時に様々な議論も引き起こしている。

第一の論調は「国民のマナーが非常に悪いので、シェアサイクル事業は現在の国情にはまだ不適切なのでは」というものだ。しかし、すべての問題を国民のマナーのせいにしてしまうことは問題の早期解決の可能性を摘み取ってしまうに等しい。

筆者は昨年米国を旅行したが、ワシントンの街でも赤信号を無視して道路を横切る人をしばしば見かけた。客観的に見て、人間性に破壊的な面や利己的な面が存在することは、誰もが認めざるを得ないだろう。束縛と制限がなければ、あわよくば、とか、人がやるなら自分も、とか、人間の行動は良からぬ方へ傾きやすいものだ。したがって、大人ならば、道徳をうんぬんするだけでなく、問題の解決方法を考えるべきであろう。

報道によれば、バイクハンターたちの間には「公衆道徳と熱意を掲げない」という共通認識があるそうだ。なぜなら、公衆道徳と熱意は現実や時間にたやすく押しつぶされるからである。

ハンターたちは写真を撮影するだけでなく、シェア自転車を私物化したり好き勝手に放置したりしている利用者の情報を含め、そのデータや所在地をも通報する。その結果、利用者は一度目は警告、二度目は処罰、三度目は個人信用情報への記載を受ける。人の身勝手を抉り出し、それにより問題の解決をも促すのである。

第二の論調は「問題が起こるのは政府の職能に欠陥があるからで、ハンターたちの意気が上がるほど、政府は面目を失う」というものである。「行き過ぎた正義感だ」と指摘する論調さえある。この論調には二つの疑問がある。一つは、政府にすべてを管理監督する能力があるのかという点であり、もう一つは政府がすべてのことを管理することが最善の策なのかという点である。

第一の疑問の答えははっきりしている。もちろん政府は手をこまねいていてはいけない。業界の規範を制定し、企業を秩序ある競争に導き、信頼を裏切る者への懲戒に参与すべきである。このようなマクロ的な問題はすべて政府が責任を負うべきであり、実際に多くの地方で行われていることでもある。

第二の疑問に関してはこう考えてみたらどうだろうか。生物学では、一つの生態系においては食物連鎖が複雑になるほど自己調整能力も強化され、その生態系は安定するという。シェアサイクルというシステムも政府以外の社会の参与を必要としているし、参与する主体が増えれば増えるほどシステムの安定には有益だと言える。

政府が公徳心に欠ける行為の取り締まりにいくら力を注いでも、それがうまくいくとは限らない。民間の力を借りてシステムの一環を補うことがあってもよかろう。様々な主体がそれぞれの資源や能力を利用して最も得意な分野で腕を振るうことこそが、問題の最適な解決法なのではないだろうか。

利便性に問題は付きものであり、それはいかなる新しい事物の発展においても必ず経なければならない過程である。シェアリングと共同管理の理念の下、システム内部の自己調整能力と自己制御能力にもっと敬意を払い、長い目で見守ってはみてはどうだろうか。

第二六話　一元バスが家の前に

任　江華

二〇一七年二月一四日

選者より　一九九〇年代の「村々通政策」で全国すべての農村に自動車道路を通した中国。都市と農村の格差是正、都市と農村の融合を図る上で、自動車道路を利用した安いバス路線の開通は農民にとって朗報、新鮮な農作物が手に入りやすくなる都市住民にとってもこうした産直は朗報だ。

早朝六時三〇分、空はまだ薄暗いが、江西省樟樹市中洲郷車塘村のバス待合所には、同市の中心部で開かれる市場に出かける人々がすでに続々と集まっていた。そこへ農民の張金牙さんがやって来た。額に玉の汗を滲ませながら野菜を詰めた大きなかごを二つ担ぎ、歩きながら皆にあいさつしている。

「バスは一〇分もすればやって来るよ。わしは町で野菜を売ってから日用品を少し買って来る」。言いながら張さんは肩の荷物を下ろし、額の汗をぬぐって笑みを浮かべた。張さんは今年六二歳、家は樟樹市の中心部から五七キロの距離だ。

「わしの家は一ムー（注1）あまりの畑を耕し、毎週、町の市場に出荷しているんだ。今、都市部に行くバスはたった一元で、本当に安い。町では野菜が五〇〇グラム当たり四角（注2）から五角は高く売れるのさ」。家のことについて話し始めると張さんは舌が滑らかになった。

「息子夫婦が村を出て小商いをしているから、かみさんはあっちに住んで、学校に通う孫二人の世話をしている。わしが育てる野菜で、自分たちが食べるほかに毎年五〇〇〇元あまり稼げるし、ラッカセイや米も加えると一年で一万元あまりの貯えになる」

「以前は町に出かけるのも一苦労だった。往復の運賃だけで二六元、春節のときはもっと値上がりするしね」

張さんの話では、以前は切符代が高くて都市で野菜を売っても割に合わず、近くの鎮で売るしかなかったし、収穫量が少なかったのでわざわざ買い付けに来る人もいなかった。豊作に恵まれても、畑で腐らせたくなければ、トラクターで隣接する新余市に運び、値下げして売るしかなかったそうだ。

樟樹市運行管理事務所の王志勇所長によると、同市では四年前から「運賃引き下げ・本数増加・サービス向上・車両更新」という原則に基づき、行政によるバス事業者への全面的な財政補助で、農村部のバス路線を全線開通させ、併せて市街地までの距離に応じて全市一九の地区を一元・二元・三元の運賃区間に分けた。二〇一五年三月にはさらに省内初の農村エリア一元定額バスを運行。二二の農村バス路線は距離にかかわらず全て片道わずか一元の均一運賃となった。

「二〇一六年、市からバス部門への補助額は一八三一万元で、輸送旅客者数は延べ六七四万九〇〇〇人に達し、都市と農村の住民の負担を計二七〇〇万元軽減しました」と王所長は語る。

張さんが指を折って計算してくれた。

「毎週少なくとも二回は町に出ているから、年間の交通費だけでも二四〇〇元あまり節約できたし、野菜の価格が上がったおかげで収入も増えて生活がずいぶん楽になったよ」

そしてさらにこう続けた。

「夏は五時半、冬は六時に朝一番のバスがあって、四〇分おきに家の前まできてくれるのでとても助かる。農作物もよく売れるようになったし、子どもの通学やお年寄りの病院通いもずっと便利になったよ」

二〇一五年九月から、張さんは通学する二人の孫の世話が楽になるように町に家を借り、孫たちの日常生活の面倒は奥さんに任せている。

「一元払えば家族に自分が育てた新鮮な野菜を食べさせられるなんてね。野菜市場で買うよりずっと安上がりだよ」

注1　第七話注3参照。
注2　一角は一元の一〇分の一。

青海省にも渋滞の波が

高速鉄道の快適なシート

第一四章　ＩＴの普及

第二七話　キャッシュレス時代の到来
——信用社会が間近に

慕　東

二〇一七年六月一六日

選者より　二〇一五年時点ですでにキャッシュレスが四〇パーセントを超えている中国・韓国・アメリカ、二〇二七年に四〇パーセントを目指す日本。キャッシュレスが新ビジネスを生み、無駄を省くシステムを日々生み出す中、データ収集で後塵を拝する日本の一人負けにいよいよ拍車が。

キャッシュレスの普及につれ、信用が個人の貴重な財産、第二のステータスに

スマートフォンを使うだけで衣食住をはじめとする生活の基本的要件はすべて解決し、屋台の中国式バーガーですらＱＲコードで支払いができる。このようなライフスタイルを新鮮でカッコいいと感じる外国人は多いが、わたしたちにとっては日常だ。

思い起こせば、「一帯一路」沿線諸国の若い世代からは、アリペイに代表されるキャッシュレス生活が中国の「新四大発明」の一つに選ばれたし、二〇一六年の初めには、北京でウィチャットペイを使った二四時間キャッシュレス生活を体験したアメリカ人記者が中国のモバイル決済の便利さに驚愕していた。いつの間にか生活の中で現金を使うことがますます減り、財布にお金を補充する必要もほぼなくなった。周辺諸国に旅行すれば「アリペイ使えます」という宣伝を見かけるようにもなった。

キャッシュレス生活の利点は明白だ。まず、公共サービスや消費の仕方が絶えずアップグレードし、社会全体の取引コストが減少すること。たとえば、病院では後払いで診療を受けられるようになり、多くの病院がスマートフォンで予約を行えるようになったため、自動受付機の前に長時間並ばずに済むようになった。

次に、キャッシュレス生活は孤立したライフスタイルではないことだ。自動車・自転車・家・冷蔵庫などをシェアするような、より便利で面白いライフスタイルを絶えず生み出している。

最後にさらに深い意義がある。キャッシュレス生活が社会信用システムの構築に寄与することだ。信用に基づくシェアサイクル・宿泊・医療といったキャッシュレス生活の背景には、支払い方法の変化だけでなく、何より支払いのたびに蓄積される信用がある。なぜそう言えるのだろうか。

保証金はキャッシュレス生活を阻む壁だ。シェア経済が大ブームになる中、シェアサイクルなどのサービスプラットフォームはすべて個人信用システムと連携して保証金をなくし、新規ユーザーがサービスを利用しやすくしている。最近、北京や上海のシェアサイクルでは信用に基づき保証金が免除されるようになり、時間の節約になる上、保証金リスクも低くなった。

このほか、自動支払いの駐車場、後払いできるホテル、QRコード決済のバス、分割借入れなどがどんどん普及していることも、キャッシュレス生活の広がりによって信用が個々人の貴重な財産となり、第二のステータスとなりつつあることの表れだ。信用が欠如するか不良であれば身動きが取れなくなることから、社会全体の信用システムが確立され、総合的な秩序を推進できる。
とは言え、キャッシュレス生活によって現金取引の良さをシャットアウトしてしまわないよう注意しなければならない。社会には高齢者などモバイル決済をうまくできない人たちがまだ大勢いる。キャッシュレス生活の広がりで、そういう人たちの生活が妨げられないようにする必要がある。この点はしっかりと肝に銘じておかなければならない。

第二八話　ＱＲコード付きの住所表示出現
――かざすだけで一目瞭然

趙　鵬、方　煒杭
二〇一七年四月一一日

選者より　住所表示にＱＲコードが示されて必要な個人情報が読み取れると聞けば、便利な反面、危惧を覚える人が多いのも確か。読み取れる情報の内容、それがどう使われるのか、あらゆる側面からの厳密な検証が必要なことは言うまでもない。便利を取るか、プライバシーを取るか。

二〇一七年一月、福建省は「ＱＲコードによる標準住所の管理業務実施についての意見」を文書で配布し、年内にＱＲコード付き表示へ次々と切り替えるよう求めた。インターネット時代、ＱＲコードはどこにでもある。しかし、QRコード付き表示は人々にどのようなメリットをもたらすのか。記者は福建省最初の試行地区である福州市台江区を取材した。

住居表示の混乱で生じる問題

QRコードに切り替えることは、別の言い方をすれば、住所の標準化である。台江区は昔から福州市の商業の中心であり、都市建設・道路改良、また店舗の所有者の交代や改装などの影響で、住居表示上の番地の欠如、番地と住居表示の不一致、番地の空きや重複などがあるほか、住居表示の自作・損壊・偽造などの例も枚挙に暇がないほどである。

これまで長期にわたり、住所情報ソースについては、公安・民生・住宅管理・商工業など各部門がそれぞれ別個に管理し、それぞれデータベースを持っていた。公安内部だけでも、戸籍・訴訟事案・警備情報ごとにデータベースが独立しており、住宅について各部門間で住所情報が異なることがしばしばあった。

その結果、一連の厄介が人々に降りかかってきた。不動産証明書の住所はX番地なのに、公安機関への登記ではY番地になっているため、買ったばかりの家を登録することができない。新たに手に入れた不動産証明書や土地使用証明書の住所が派出所に登録した住所と異なっていて、子どもの入学や銀行ローンなどで次々に問題が起こり、解決できなくなる。

こういった状況を改善するため、既に二〇一四年に福建省は住所の標準化について検討を始めた。目標は、どの家の住居表示も全て、標準化された表記をもって住所コードと一対一で対応させることである。

現在、福州市のデジタル化推進室が先頭に立って、公安・民政・住宅管理・都市建設などの各部門が住所の総合調査・徹底的整理を行っているが、そこでまた新しい問題が出てきた。標準住所の情報量をさらに充実させ、もっと簡便に使用できるように、というニーズである。

「住宅情報」に含まれる「人の情報」

「スマホをかざすだけでかなりの不動産仲介費を節約できるとは思いませんでした」

こう語る陳さんは福州市連江県の人で、ちょうど台江区の茶亭出張所で居住証明書の手続きをしているところである。陳さんは最近台江区の会社に仕事を見つけたばかりで、家を借りようとしていた。退勤途中、気に入っていた太平住宅団地の住居表示にＱＲコードがあることに気づき、スマホをかざしたところ家主と連絡がとれて話がまとまったという。

記者も試してみると、スマホにすぐ様々な住宅情報が表示された。住所の詳しい情報や居住区の担当警察官の名前ばかりでなく、「貸し出し物件あり」ボタンをクリックすると家主が賃貸の情報を公表しているかどうかが分かる。さらに「伝言板」ボタンをクリックすると家主に伝言を残せる。

家を貸し出す話がまとまると、家主は「貸家管理」をクリックし、入居者と退去者の個人情報を登録することができる。登録されると、新入居者の身分証は「カードキー」となり、カードを機械に通すだけで居住区に出入りできる。ちっぽけなＱＲコードではあるが、移動しない住宅をしっかり管理する上に、移動する人間をも管理できる。

去年、同区の双福花園に住んでいた呉さんは息子と一緒に北京に引っ越すことになったため、仲介業者を通して家を賃貸に出した。国慶節の時に福州に戻り、定められたとおりに住居表示上のＱＲコードを読み取り、賃貸情報データベースに登録した。登録情報は自動的に照合され、その結果、なんと借り手が鄭という指名手配中の人物であることがわかった。このクレジットカード詐欺容疑者は、こうして速やかに逮捕された。

確かに便利ではある。しかし、このように多くの個人情報を含んでいると、個人情報漏洩が生じないか心配になる。

「それはありえません」と福建省公安庁の担当責任者は言う。

ＱＲコードはすべて福建省全体の標準住所データベースから作成されるので、バックグラウンドプログラムがハッキングされる可能性は根本的に排除されている。しかも住所のＱＲコードは公民の身分証明書番号のようなもので、それ自体は一連の記号でしかないため、ユーザーやプラットフォームごとに、権限に基づき関連情報を取得することしかできないそうだ。つまり、陳さんがＱＲコードを読み取ってアクセスしたのは公共サービスのプラットフォームであり、対応する住所に関する公共サービス情報と、世帯主が自発的に提供した情報を調べることしかできない。

縦割り管理から一本化サービスへ

縦割り管理は実のところ時代遅れの従来型管理方式そのものである。

今回の改革に参加しその恩恵を受ける機関のひとつである福州市住宅建設部門は現在、住宅賃貸情報提供サービスと監督管理プラットフォームの立ち上げを準備中だ。

「この住所情報データベースが構築されたことで、管理効率は大幅に向上しました」と担当責任者は言う。

「我々は民間の様々な住宅賃貸ネットワークがこのプラットフォームに接続するよう奨励しています。そうすれば、住宅の賃貸情報と借り手情報を発信するサービスを無料で提供できるので、本当に実用的になるでしょう」

ＱＲコード付きの号棟・住所表示板に組み込まれたデジタルデータによって、福州市の各行政機関では「管理」意識が徐々に後退し、一本化された情報ハイウェイに「サービス」意識が滲み出るようになった。

すでに開発され使用されている「費用納入プラットフォーム」では、住宅の入居者が水道・電気代など七種の料金を納入することができる。「尋ね人」(注)サイトは、「失踪者」のリアルタイム情報だ。医療部門にとっては、使用者が「医療救助」ボタンをクリックするだけで、ＱＲコードで特定された建物の位置情報が即座に救急車に送信され、現場にすぐさま駆け付けることができるようになった。これからは、通報者が電話で住所をはっきりと言えずに救護が手遅れになるようなことはもうないだろう。

福州市公安局台江分局治安大隊の李鑫副大隊長は次のように述べた。

「行政的な管理のほか、目下我々はさらに商業的な便利機能や人々への便宜提供など十以上の機能を開発中です。例えば、ナビゲーション・宅配便・出前サービス・治安パトロールなどです」

福州市のデジタル化推進室の責任者は以下のように語った。

「今後、標準住所を利用する業種・部門はさらに多くなります。統合・活性化できるリソースが多くなればなるほど、協力・調整できる要素もさらに多くなるでしょう」

注　原文は〝牽掛你〟。失踪者・行方不明者の早期発見、迅速な確認のために福建省公安庁が運用を開始したプラットフォームの名称。

第一五章　テレビ・映画

第二九話　「中国版ハリウッド」探訪
――浙江省横店鎮の取り組み

王　俊男、徐　暁明、王　従航

二〇一六年一二月三〇日

選者より　昨今ではアメリカ映画も中国の意向を無視しては制作に取り掛かれないという巨大な映画市場となった中国。当然、国産映画の独自制作も盛んになり、様々なセットを備えた映画村も出現。それはまた、近年浙江省を中心に勃興した特色ある鎮の建設ともマッチしている。

浙江省東陽市横店鎮（注1）は広さわずか約一〇平方キロメートルで、名高い山河もなければ名所旧跡もない。だがここには大規模なロケ地が十数カ所、ハイテクを駆使した大型室内スタジオが四十数カ所、映画・テレビ制作会社が七〇〇社あまり集まっている。これまでに受け入れた国内外の映画・テレビ制作グループがここで撮影した作品は一八〇〇本以上で、中国唯一の国の認可を受けた映画・テレビ産業実験エリアで、世界最大規模の撮影拠点であり、「中国版ハリウッド」としてその名を馳せている。

その横店鎮が二〇一五年以降、都市景観の総合的な整備を行い、「映像文化レジャータウン」になっている。

年間観光客は延べ一六〇〇万人

横店映画村はその名も高き「国家五A観光名所」（注2）の一つだ。二〇年前、横店鎮に観光客はほとんどいなかった。だが二〇〇一年には、年間観光客数が延べ五五万人となり、以後増加を続けて二〇一一年以降は四年連続で延べ一〇〇〇万人超えを記録し、今では累計延べ一億人を突破、観光業の発展における横店鎮の役割はますます重要になっている。

横店鎮はまた、制作はもちろん、それを基にした観光に至るまで、映画・テレビ産業チェーンによる文化と観光の融合に成功している。二〇一六年には年間受け入れ観光客数が延べ一六〇〇万人を超え、映画・テレビ業界や観光業界から再度大きな注目を集めた。

撮影現場やショーの会場は、これまで辺鄙だったこの小さな鎮を不夜城にし、ホテル、レストラン、サービス関係など多くの関連産業に恩恵をもたらした。二〇一五年、横店集団（注3）の年間売上高は五八〇億元で、総資産額は六三四億元に達した。

「重要な工業都市」が「映像の都」に

二〇一五年一〇月、横店鎮は「都市景観総合向上プロジェクト」を正式に始動させた。東陽市の行政・環境保護・交通・電力供給などの部門が力を合わせて横店鎮改造プロジェクトを強力に推進し、横店鎮の大小の道路を整備し、観光ルートの緑化・美化・ライトアップを軸にしたプロジェクトを重点に、電線などの地中化を推進し、電柱を全面的に撤廃する措置を講じてきた。

横店鎮尚倫荘村は「円明新園」観光地区（注4）と「清明上河図」観光地区（注5）をつなぐルート上にある。この村は二〇一五年五月に村改造プロジェクトを始め、一ヘクタールの荒地が今では親子で遊べる遊園地となり、周囲には緑が青々と茂っている。黒い石畳になった道ばたには小さくて簡素ではあるが品のいい古風なあずまやが建てられている。また、ビーチバレー、山地パターゴルフ、渓流での魚つかみ捕りなど体験型プロジェクトが村に新たな活力をもたらした。

二〇一六年一〇月、中国住宅・都市農村建設部が初めて発表した「中国の特色ある鎮リスト」に横店鎮も名を連ね、初代の「中国の特色ある鎮」の一つになった。

横店鎮は産業・都市・生態という三つの機能の有機的な結合の強化に力を入れ、映画・テレビ撮影拠点と山水の景色を調和させ、市街地と観光名所を融合させて、生活・産業・観光の全てに適した発展の枠組みを作ってきた。かつての「重要な工業都市」はこうして「映画・テレビの都」となったのである。

三五の撮影スタジオが「エネルギーを軽油から電気に」

国内最大規模のロケ地である横店映画村では中国の時代劇の三分の一が撮影されている。

「映画やテレビでおかしなものが映っていたらがっかりします。時代劇に電柱が出てきたら雰囲気がぶち壊しでしょう」と国網浙江東陽市供電社の汪志奕社長は語る。

「問題シーンを完全になくすため、当社は観光地内とその周辺の電線対策を強化してきました。埋め込み方式への転換、使用しなくなった電柱の撤去、古いメーターボックスの交換、配電所の外壁の美化、電柱広告の取り外しなどを行い、送電網設備を徐々に整頓し、規範的で美しいものにしました」

二〇一六年、東陽市は送配電網に一億五九〇〇万元あまりを投入、横店鎮には特に重点的に配分した。ここでは毎日三〇あまりの制作グループが撮影を行っているが、それぞれの撮影所の入り口では電気を供給するディーゼル発電機が黒煙を上げている。エネルギーの消費も激しい上に音も大きく汚染も深刻だ。そのため二〇一六年から現地の電力供給部門は、東陽市の映画・テレビ産業に適した電力代替プランを作成し、送電網関連施設の建設、ポータブル電源の貸し出しを行っている。「エネルギーを軽油から電気に」というプロジェクトは現在東陽市の三五の大型スタジオで実施されている。

注1　鎮は市や県の下に位置する行政単位。
注2　交通・運営管理など一二項目の評価でA五つを取得し、最高ランクと認められた観光地。
注3　本社が横店鎮にある大型民間企業。
注4　北京にあった円明園を模倣した撮影所。
注5　故宮博物院所蔵の絵画「清明上河図」をモデルに作られた撮影所。

第三〇話　ドラマ『外来媳婦本地郎』が大ヒット
――一七年間で三〇〇〇集突破

二〇一七年二月九日　張　賀

選者より　思わぬドラマが大ヒットしてゴールデンアワーに、という例は日本でもあるが、なぜそこまでヒットしたかが注目点。庶民目線に立ち、現代社会での喜怒哀楽をコメディタッチで描いたこの人情ドラマの背景には、都市と農村の住民の交流という大きなテーマが反映されている。

一七年前の一一月四日、『よそから来た嫁、地元の夫』が珠江チャンネル（注1）で初めて放送されたとき、いったい誰が、この広東語による短編シリーズドラマがその後、テレビで一七年間放送され、三〇〇〇回の大台を突破して、現在国内で最長期間、最多回数を誇る連続テレビドラマになると想像しただろうか。高い人気とともに、このドラマは毎回わずか一〇万元ほどの制作費で、珠江チャンネルの番組時間帯に累計二〇億元を超す広告収入をもたらしている。

このほど開催されたこのドラマの成功を総括する検討会では、「一貫して庶民を中心に据えた制作方針は高い評判と大きな経済的利益という一挙両得を達成する要因になる」ことを証明したという認識で業界内の意見が一致した。

このドラマは、広州市の旧市街地を舞台に、大家族の息子四人が、出身地がバラバラな四人の嫁をもらったことから、生活習慣と文化的背景の違いが原因で一連の摩擦や衝突が起こるという、人と人との関わりと融和を描いたコメディである。当時改革開放の最前線だった広東省は全国各地の出稼ぎ労働者や起業家を続々と惹きつけ、都市と農村人口の大移動は同地域の顕著な社会現象となっていた。

陸暁光総監督は語る。

「地元民と流入者が互いに学び合い、交流し、打ち解け合うこと、さらには文化的な違いから衝突することはいつの世にも通じる永遠のテーマであることから、このようなコメディタッチの、時代の特色をしっかり捉えた連続ホームドラマを作ることにしたのです」

「当時我々は一クールで終えるつもりでしたし、最初は一般的に視聴率の低い土日の七時から八時に放送していました。けれども視聴者がそれでは納得しませんでした」

二〇〇〇年一一月四日に第一話が放送されると、このドラマはあっという間に視聴者を虜にし、その後ますます人気が沸騰した。視聴率は回を重ねるごとに上昇し、当時、香港のテレビ局が広東省の視聴者の八〇パーセントを集めていた状況を一挙に逆転、今日に至るまで、このドラマは珠江チャンネルの視聴率ベストストスリーにランクインし続けている。

広東テレビ局の共産党委員会書記でもある張恵建局長は「庶民を中心に据えた制作方針を貫き、庶民の日常を描いた手法が、このドラマの衰えない人気のベースになっている」と考えている。

「このドラマは広州の日常生活を題材に採り、対象としたのは主に広東語圏の一般庶民です。ドラマでは庶民のありのままの姿を描き、その喜怒哀楽や心情を描き続けています。しばしば視聴者の意見でストーリーの展開が決められるので、社会で様々な関心を集めている話題がドラマの見どころになり得るのです」

国内のドラマが一般的に制作完了後に放送されるのとは異なり、このドラマは撮りながら放送した。その結果、流行のトピックや社会の動向をいち早く反映できたし、視聴者の反響を受けて間髪入れずにピンポイントでストーリーを改善し、絶えず調整や修正ができる。このことが、このドラマが不動の人気を保ち、常に新しいものを提示し続ける重要な裏付けとなったのである。多くの視聴者に「地に足がついていて生活感がある」、「リアルで面白い」と評価されたのは、「撮りながら放送する」という独自のスタイルと切り離しては考えられない。

視聴者の生の声を収集するため、一七年来、ドラマ制作班は視聴者を招いて各種のファンミーティング・座談会・撮影現場見学などを延べ一〇〇回以上開催してきた。番組のプロモーションイベントは全省に及び、さらにキャストとスタッフによる公演や取材の足跡は全国津々浦々に及んでいる。定期的な視聴者ミーティング、月ごとの視聴者からのコメントの総括、制作スタッフが現地に入り込んで取材し生活を体験することが、ドラマ制作班プロデューサーの長期にわたり変わることのない「三つの宝」となった。

このドラマはホームドラマとしてお年寄りから子どもまで幅広く楽しめる。人情と人間性に対する制作スタッフの関心、中国の伝統文化や三綱五常（注2）といった社会倫理に対する重視によって、料理のテクニックや漢方薬の使い方、職場の文化、暮らしの百科、親への孝行や年長者への従順、含羞や「温和・善良・恭順・質素・謙遜」という伝統的な美徳など、より広いジャンルに創作のアンテナを伸ばすもととなり、その真摯な思いが視聴者の心を動かし、視聴者が正しい価値観と審美観を確立するよう導いた。

この十数年、制作スタッフはさまざまなルートを通じて熱心な視聴者の手紙やプレゼントなどを絶えず受け取り、その数は数千に上った。手紙には感謝のメッセージのほか、胸の内を吐露したもの、さらには生活上の悩み事相談まであり、このドラマは、幅広い視聴者から真底信頼され好まれる「最も親密な人」になった。中国文芸評論家協会の仲呈祥主席は、「まさに社会主義の核心的価値観を映画・テレビ作品の中へ巧みに合理的にかつ説得力豊かに溶け込ませたからこそ、優しく染み渡るように（注3）普及効果が現れたのです」と言う。

また、張惠建局長はこう語った。

「『よそから来た嫁、地元の夫』は広東テレビ局の看板番組として、企画制作のモデルチェンジとアップグレードの道を切り拓き続けるでしょう。従来型メディアでの制作と放送の優位性を維持しながら、積極的にインターネットという新しいメディアにも進出して、融合協調した発展を実現させます。初心を忘れず、力を合わせて邁進し、中国の放送史上になお一層鮮やかな足跡を残すつもりです」

注1　広東テレビ局傘下の広東語専門チャンネル。

注2　儒教で人として重んじるべきとされているもの。三綱は三つの道徳の大綱で、忠・孝・貞（君臣・父子・夫婦の道）、五常は人の常に守るべき五つの道徳で、仁・義・礼・智・信を指す。

注3　原文は「潤物細無声（物を潤して細やかに声無し）」で、杜甫の漢詩「春夜喜雨」からの引用。

第一六章　言語と文学

第三一話　趙樹理研究の現実的意義

傅　書華
二〇一六年九月一六日

選者より　『小二黒の結婚』、『李有才板話』、『李家荘の変遷』などで新しい農民の姿を描き、脚光を浴びたが、老舎同様、文化大革命で非業の死を遂げたとされる山西省出身の作家、趙樹理の作品が最近また見直されている。なぜ今また趙樹理なのか、その現代的意義は考察に値する。

今日の趙樹理研究の主流は、延安文化（注1）・現代派文学（注2）・社会主義文化などの流れの中で進められているが、我々は趙樹理をさらに民族文化の伝統的価値の発展という中に置いて新しく読み解くことが可能である。趙樹理を民間的価値の系譜の中に置いて研究することによって、我々は趙樹理の歴史的価値及びその現実的な意義をより明確に理解することができる。

中国の民間的価値という流れには、例えば『詩経』がある。『詩経』が伝える声は、庶民一人ひとりの日常生活において築き上げられたもので、後に士大夫らが改めて編み直したとはいえ、庶民の声はやはり保存されている。

楽府《がふ》詩（注3）も然りである。例えば「木蘭辞」（注4）では、主人公は父親のために戦に赴き、戦いを終えても功名を求めず、「戦衣を脱ぎ、娘の頃の服をまとった」と歌い、また「木蘭は尚書郎を固辞し、よく千里を走る速い馬を駆り、故郷に送って欲しいと願い出る」（注5）とある。また例えば、李商隠（注6）や杜牧・柳永（注7）などは個人の喜怒哀楽を表現することが多く、士大夫の流派はそうした作品をあまり重視しなかったが、民間には広く伝わり、「凡そ井戸水のあるところ、皆柳永の詩を歌う」（注8）とまで言われた。

さらに『紅楼夢』では、賈宝玉（注9）は家族の栄達と個人の感情を天秤に掛け、後者をより重視した。五四運動期（注10）に社会が大きく変化したことの内在的で隠れた原因とは、民間の伝統的価値を起点とする、民間における個人本位の考えであった。この観点から言えば、そのロジックの起源は『紅楼夢』である。魯迅が言うように、『紅楼夢』に至って、これまでの伝統的な描写法は全て打破された。

五四運動期の「人の文学」（注11）が、物質的生活ではなく、精神や感情の面により重点的に表現されたのは、当時「人の文学」が主に知識階級によって提唱されたことに関連している。一方、趙樹理の作品は農民の物質的生活及びそれに基づく人々の精神や感情をより多く表現している。五四文学の特質の一つは、個人の生存そのものに価値があるとする中国の民間伝統を受け継いでいることであり、趙樹理の作品は、五四文学と具体的な形の上では異なる点があるものの、その特質は同一である。

この点を認識することで、我々は趙樹理文学に新たな理解を得られるだろう。例えば、市場経済が新しい商業文明をもたらしたことで、現代中国人の個人としての生き方には劇的な変化が生じ、その新しい生存形態は趙樹理が描く世界とは甚だしく隔たった。しかし、趙樹理の創作における価値のありようをはっきりと認識し、それが「個人の生存」という土台に立っている点を見出したとき、我々はもし趙樹理が今日生きていれば、彼が描く個人の生存形態にもきっと劇的な変化が生じ、個人の生き方に対する価値のありようにも相応の変化が生じたに違いないことに気づくだろう。この点については、例えば、彼の描く人物像が「三仙姑」、「小飛娥」、「小腿疼」と変化したことなど、作品の発展過程の中から推測することができる。

民間的価値の流れは五四運動期における現代派文学への転換を経て新しい時代に入ったが、趙樹理はこの価値観の流れを現代へと引き継いだということができる。民間的価値の流れは他から独立したものであり、大地に根を張っており、趙樹理の創作はこの流れの延長上にある。このような観点に立つことで、趙樹理研究は中国の伝統的民間文化、五四以降の新文化および現代商業文明を関連づけることができ、それによって、我々は趙樹理の創作に対しさらに深い奥行きを具えた歴史的評価を与えることができる。

こうして、趙樹理精神の現実的意義が改めて見直され、浮き彫りにされる。農民が好む形式で農民のために作品を書くことを強調し、伝統的な民間芸術形式の重要性を強調したことは、趙樹理の創作における現実的意義の一部分にすぎない。趙樹理精神の本質は民間の一個人を中心に据えることである。

今日、民間における個人本位の文芸とは何か。それはネット文化、ウィチャット文化、テレビ文化などである。たとえネット作品を軽視し、「ネット文学は文学作品としての権威に欠ける」とみなしたり、同じように、テレビ文化を見下して、「テレビ文化とは精神の消耗であって芸術の享受ではなく、ましてウィチャット文化は一流文化たりえない」と考えたりする作者はいようとも、これら個人に重きを置く大衆文化は、一般大衆の精神生活に広く深く確実な影響を与え続けている。

もし、趙樹理が今日生きていれば、彼はテレビ、ネット、ウィチャットという新しい媒体上の文芸作品を決して軽視することはなかっただろう。それはちょうど、彼が重視した通俗物語・地方戯曲・民間演芸等の文芸形式が、当時、やはり新文学とは認められなかったのと似ている。このことについて趙樹理は「文壇に入りたいとは思わないが、露店の本屋には並べられたい」(注12)とはっきりと述べている。

現在、テレビドラマの芸術性も、ネット文学の質も、ウィチャットのオフィシャルアカウントの内容も玉石混交であるのは、趙樹理のような大作家がそれらに参加するケースが少ないことと無関係ではない。純文学作品の創作というのは生きる姿勢であり、そこはピラミッドの頂点である。しかし、多くの優れた作品の読者層が限られているのに対し、ネット、テレビ、ウィチャットなど新しい個人本位の文芸様式の影響力は計り知れないほど大きい——文芸創作の領域と消費の領域間に生じたアンバランスは軽視されるべきではない。

このような現象をもたらした重要な原因の一つは、我々文芸に携わる者の多くが文芸作品を受け入れる一般大衆のスタイルに対して研究を怠っていたことである。文学教育の領域でもまた、同じような問題が生じている。

例えば我々は「大衆が文学への情熱に欠け、古典的名著を読まない」と非難する人にこと欠かないが、文学を広め作品を読むことを普及させるために地道に努力する人は不足している。しかし趙樹理はいまだかつて、「農民はレベルが低くて新しい文学を理解できない」とむやみに非難したことなど一度もなかった。むしろ、農民が受け入れられる言葉を使い、農民の姿を描くことで時代の新しい声と人間性への探索を伝えたのである。

趙樹理研究は最近改めてブームになってきたテーマである。強引な解釈を拒絶し、ローカライズする意義を強調することは近年学会でしばしば討論されるトピックでもある。こういった枠組みの下、地に足をつけて民間の視点から改めて趙樹理を知ることは、趙樹理研究そのものに対し、また未来志向の研究と創作に対しても現実的な意義を有している。

注1　「文芸整風」とも呼ばれた。一九四〇年代の中国共産党による党風刷新運動の文学版。

注2　一九三〇年代上海で起こったモダニズム・現代主義文学。西洋・日本の新しい文学の思潮の影響を受けたが、ブルジョア、右派との批判を受けた。

注3　もともとは音楽取り調べ所（楽府）に集められた歌を言うが、後には音楽の伴奏によって歌われる詩そのものを言うようになった。漢代の古楽府から唐代の新楽府まで体裁・内容の両面で変遷がある。

注4　木蘭詩ともいう。中国南北朝時代に作られた古楽府の一つで作者は不明。父に代わって征戦し、勲功を建てた勇敢な北方英雄女性の叙事詩。

注5　松枝茂夫編『中国名詩選・中』（一九八四年）岩波文庫より。

注6　八一三年（八一二年とも）～八五八年。晩唐の詩人。河南省鄭州の人。

注7　九八七年～一〇五三年（諸説あり）。北宋の詩人。婉約派（宋代の詩を代表する一派。女性の風情を描くなど、繊細な情感を謡った）を代表する人物の一人。

注8　南宋の葉夢得がその著『避暑録語』で柳永の詩を評価したもの。

注9　『紅楼夢』の主人公。『紅楼夢』は彼と林黛玉との悲恋を中心に当時の生活を描いたもの。

注10　一九一九年の五四運動をきっかけとした文学革命期を指す。

注11　一九一八年一〇月の『新青年』に周作人が発表した「人の文学」は当時の文学革命に対し大きな影響を与え、個性の解放から始まって人道主義を肯定した。

注12　「文壇」と「文攤」（露店の本屋）の発音が似ていることから、もじったもの。

第三二話　灤平県と「普通話」の制定

汪　暁東、楊　倩、温　素威、于　洋

二〇一六年一〇月一五日

選者より　一九五五年に制定された「普通話」（民族共通語）。広い中国には様々な方言があり、地域を越えた発展を大きく阻害していた。どこの方言を標準語にするか、紆余曲折があったが、最終的に標準語の発音の基準とされたのが河北省承徳市灤平県（注1）の人々の話す言葉だった。

灤平県の言葉は音調も発音もクリアで滑らか、ｒ化（注2）や省略、独特の語尾音といったくせもないため、学びやすく広めやすい。そうした理由で灤平県は普通話（注3）音声データ採集地の一つとなった。

北京の言語学者が現地で音声データを採集

白鳳然さんは今年七七歳だが矍鑠《かくしゃく》としており、六三年前の出来事を昨日のことのように覚えている。

一九五三年春、灤平第四完全小学校（注4）の新学期が始まってまもなくのこと。当時一四歳だった白鳳然さんが教室からクラス担任に呼び出されて職員室へ行くと、そこには見覚えのない客が二人座っていた。

ぽかんとした表情で客の前に立った白さんに、「この方たちは北京から来た学者さんだよ」と先生が紹介したが、少年はただもじもじするばかりだった。すると向こうが先に声をかけてきた。

「緊張しなくてもいいんだよ。私たちは君にいくつかの文章を読んでもらい、それを聞きたいだけなんだ」

来客は無造作に新聞を手に取ると、ある文章を指差して読んで欲しいと言う。少年は大きな声で読み上げた。なかには知らない漢字もあったが、右半分の旁などを手掛かりに、当てずっぽうで何とか読み終えた。

専門家たちはさらに、少年の国語の教科書の中からすでに習ったことのある部分を朗読するよう求めた。今度はつかえることもなく、すらすらと一気に読み上げた。

教科書を朗読させながら、二人の専門家はずっと記録をとり続け、時には遮って特定の単語をもう一度読ませることもあった。読み終わると「上手だね」と褒めてくれた。「君は家でも普段からこんな発音で話すのかい」と質問され、白少年はうなずいた。

灤平地方では誰でもそういう発音だ。同じ学校に通う他の学年の生徒三名も白少年と同じように専門家の前で何篇かの文章を朗読した。当時朗読に協力したこの生徒たちもいまや高齢となり、専門家の取材に協力したもう三名の村民と合わせて「灤平の発音七老人」と呼ばれている。

山里の小さな鎮に暮らす人々は純朴で屈託がない。この小さな出来事と、見知らぬ二人の客人のことは、一時は校内、そして鎮全体に知れ渡ったが、間もなく誰も話題にしなくなった。

地元の人々はむろん知る由もなかったが、実はこの二人の訪問客は、当時の中央人民政府政務院から派遣された言語学者だった。中国全土に通用させる標準語の基準を定めるために音声の採集・調査を進めていたところで、灤平県にある金溝屯鎮・巴克什営鎮・火頭山郷の三地域で音声を採集していたのである。

中国で文字と発音の統一的規範を打ち立てる問題は、すでに百年以上も前から何度も論争になっていた。「十里隔たれば発音も異なる」と昔から言われるように、広い国土を持つ中国において、全国各地の人々の間で自由自在に言葉が通じるようにするということは、やはり途方もなく困難なプロジェクトだった。

新中国成立後、規範的な標準語体系を打ち立てて全国に普及させる必要が生じたが、どのような基準に基づいて最終的な規範を作り上げるのか導き出すことは難しく、なかなか意見がまとまらなかった。こうしたなかで、灤平県が一九五〇年代初めに、普通話のベースとなる音声の採集地の一つとなったのである。

全国的な規範となる普通話には、各音節を発音する際の口の形が滑らかで、声調は簡単明瞭、音の違いを判別しやすいこと、さらには話す速さが適正で、息づかいが滑らかで、味わいがあること、放送・講演・日常会話のすべてに適していることが求められた。このような条件がすべて揃ってこそ、全国に推し広めるべき標準語にふさわしいのである。

後にできあがった普通話の規範から見ると、灤平県で日常使われている言葉はまさにこうした基準にぴったりだった。灤平県の言葉は音の高低がはっきりしていて発音も正確で滑らか、語調は当時北京で話されていた言葉と比べても力強く、ストレートかつクリアでわかりやすい。特に北京の胡同（注5）の人々によくある巻舌音の多用、省略、独特の語尾音といったくせがないため、学びやすく広めやすかった。

一九五五年一〇月、「全国文字改革会議」と「現代中国語規範問題学術会議」が開催され、漢民族の共通語が正式に「普通話」と呼ばれるようになった。一九五五年一〇月二六日付の人民日報を開くと、

「漢字改革の推進、普通話の普及、中国語の規範化実現に努めよう」と題した社説の中で、明確にこう謳われている。

「この漢民族の共通語は、北方方言をベースに、北京語の発音を標準音とする普通話である」

また、一九五六年の年明けには国務院が「普通話の普及に関する指示」を公布した。

普通話の普及が進められたことについて、誰よりも喜んだのは灤平県の人々だろう。先祖代々伝えられてきた、口をついて自然に出る土地の言葉が、なんと全国で普及が進められる普通話そのものなのであり、これは大変誇らしい。

灤平の多くの人は「普通話」を話せるということで自ずとアドバンテージを持っている。灤平県党委員会宣伝部の厲輝部長によると、改革開放後、地元農村出身の多くの若者が北京の大手機関などで電話交換手や接客係として採用されているほか、全国各地でアナウンサーとして活躍する灤平出身者も少なくないという。

二〇一四年に教育部と中央電視台が「普通話を身に付け、夢を実現させよう」という公共広告を共同制作したが、その中でさまざまな業種や民族の人々が「普通話を普及させ、中国文化を広めていきたい」という思いを表明している。

その冒頭に登場して「普通話をマスターしよう」と呼び掛ける郝潤徳さん（七四歳）も灤平の人で、当時普通話の音声採集に協力した生徒の一人だった。現在は地元で普通話普及活動に意欲的に取り組んでいる。

「私はこのことに大きな誇りを感じています。私個人の誇りではなく、我々灤平人の誇りです」

注1　地名。河北省承徳市に位置する県の名。
注2　〝児〟が接尾辞となってその音節の尾音をそり舌化させること。
注3　公用語として定められた中国語のことを言う。
注4　当時の初等小学（四年制）と高等小学（二年制）を併設する小学校を指す。現在では六年制の小学校を指すことが多い。
注5　北京市の旧城内を中心に点在する細い路地。

英語はやはり必須

今やスマホなしでは暮らせない

第V部

健康生活

第一七章　環　境

第三三話　北京の石炭採掘史に幕
――二〇二〇年までにすべての炭鉱を閉鎖

二〇一七年一月七日　賀　勇

選者より　元王朝の大都以来、北京が歴代王朝の首都たり得た要因の一つが、地元で豊富に石炭を産出することだった。歴史は変わり、代替エネルギーの開発が進む中、石炭の燃焼は大気汚染の元凶に数えられるようになり、その八〇〇年近い採炭の歴史に幕が下ろされることになった。

かつて優良炭を年間一〇〇万トン産出した北京の長溝峪炭鉱（注1）に、労働者の忙しく働く姿はもはやない。坑道の入口はセメントと鉄骨を組んだ壁で封鎖され、地上に残された一本一本のレールや坑道入口の黒いモルタルがかつての喧騒を静かに物語っている。

北京市発展改革委員会（略称「発改委」）（注2）の話によると、北京市は長溝峪・王平村の二つの炭鉱を閉鎖し、一八〇万トンの生産能力削減という任務を滞りなく達成、国家石炭生産能力調整検査に合格した初の省級行政区となった。今後数年間で北京市はさらに木城澗・大安山・大台の三炭鉱を相次いで閉鎖、二〇二〇年には石炭採掘を全面的に停止し、元代に始まった八〇〇年近い北京の石炭採掘史の幕を下ろす。

元の都、大都（今の北京）では既に宮廷から民間まで大量に石炭を使用し、市内には石炭市場と石炭貯蔵場まで作られていた。明清代以後、北京の西山地区は国内有数の鉱区に発展した。清代の歴史学者、趙翼（注3）は、遼・金の二王朝以来、北京が各王朝の首都となり得た重要な理由の一つとして、西山の豊富な石炭資源を挙げている。しかし一方で、数世紀にわたる石炭採掘と大量使用は北京を深刻な汚染都市の一つにしてしまった。

石炭の採掘量と使用量を減らすため、北京市は、新たな首都機能の位置づけに基づき、第一三次五カ年計画（注4）時期に石炭採掘を全面的に停止する目標を打ち出した。市は「生産量を年々逓減し、鉱坑を順次封鎖し、円滑に停止する」という原則に則って炭鉱を全面的に閉鎖し、従業員一万一〇〇〇人余りを配置転換することを目標に掲げている。

統計によれば、二〇一二年の北京市の燃料石炭消費量は二三〇〇万トンに及んだが、二〇一五年には既に約一二〇〇万トンに減少している。長溝峪炭鉱の佟養貞党委員会書記は、「国の産業構造の転換と高度化、北京市の首都としての中核的機能の確立に伴い、石炭産業に終止符を打つことは時代の趨勢です」と語った。

北京市発改委石炭管理所の李彬副所長は、「生産能力の解消は、炭鉱を閉鎖すればそれで完了ということではありません。採掘停止地区における代替産業のインフラ建設に向けて固定資産投資部門が九〇パーセントの資金を提供し、産業の構造転換・高度化をサポートしています」と説明する。

北京市西部の環境保護区にある京煤グループ（注５）は豊富な土地資源を持ち、どの炭鉱にも約七〇〇から八〇〇ムー（注６）の工業用地がある。鉱山の順次閉鎖に伴って鉱区の土地と建造物資源の利用が総合的に計画され、産業の構造転換と資源再利用が進むだろう。京煤グループ関連部門の責任者は、「これまで京煤グループ代々の鉱山労働者は石炭採掘を行う一方で、一七万四〇〇〇ムーもの環境保護林を育ててきており、鉱山の順次閉鎖に伴って緑豊かな保護林の規模は一層拡大する見込みです」と言う。

説明によれば、今後、京煤グループは、生態の保護と修復、質と効率の向上等の原則に基づき、健康、レジャー、ハイテク、カルチャーツアー、介護などの各産業をこの地区に導入して自主開発を行い、新たな雇用の創出により人員を着実に再配置する。そして北京市西部地区を、美しい生態環境の中にハイエンド産業が集約され、際立った文化的特色を備えた、住みやすい先進エコロジー地区に生まれ変わらせるよう努めていくという。

注１　北京市南西部の房山区にある。京煤グループ（注５参照）に属する。
注２　各レベルの政府に設けられている部署で、経済と社会の発展政策を総合的に策定し、経済体制改革を指導する。
注３　一七二七年～一八一四年。清朝の文学者・歴史学者。現在の江蘇省常州市の人。
注４　二〇一六年～二〇二〇年。
注５　北京京煤集団有限責任公司。二〇〇一年設立。国有の大型石炭採掘企業グループ。二〇一〇年の販売総額は一〇〇億元を突破。
注６　第七話注３を参照。

第三四話　環境データに「マスク」をするな

二〇一六年一〇月二七日　智　春麗

選者より　現在習近平政権が行っている供給側の改革の重要な側面の一つに行政府の改革がある。いくら企業に厳しい排出基準などを課しても、それを取り締まる行政側が自らそれを骨抜きにしたり悪用したりすれば元も子もない。政府側のデータが信用できないのは日本も同じだが。

秋から冬にかけて多くの人は朝起きるとすぐにスマホで空気汚染指数を見る。そうしないと安心して家を出られないからだ。しかし最近、観測器に「マスク」が掛けられているというニュースが飛び込んできて、さらに不安をかき立てられた。我々が毎日確認している観測数値までが「汚染」されているとは脅威である。報道によれば、西安市環境保護局の長安区空気汚染観測所所長が観測所の鍵を盗みだし、ガーゼで観測器を覆い、データを捏造したという。現在、事件に関わった五名がすでに司法機関に送致されている。

実は、環境汚染観測データの捏造事件はこれ一件ではない。統計によると、二〇一五年だけでも異常な操作やデータの捏造が行われた汚染源自動観測施設は全国で二〇五八カ所に上り、一七の省・区・市で七八件も立件されている。捏造のやり方には「マスク式」など地域によって様々なパターンがあり、サンプル採取管をミネラルウォーターの瓶に差し込んだり、観測用ソフトに抜け穴をつくったりしている。以前は、捏造するのは一般に企業だったが、今回の西安環境データ捏造事件では驚くべきことに、まさにその数値の正確性をチェックすべき環境機関の観測員が「内部犯」だったのである。そのため、環境保護に対する地方当局の本気度が疑われたばかりでなく、環境保護機関に対する公的信頼までが傷ついた。

データは環境保護活動の基礎である。データが不正確では環境浄化対策も的外れになりがちだ。環境データに手を加えるのは、企業に言わせればおおかた「環境保護より利益が大事だ」ということなのだろうが、環境保護機関までが捏造に関わるのは、おそらく担当公務員が環境保護という仕事を単に政治的業績を上げるための道具としか見ていないからという面が大きいであろう。政治的業績を考慮したにせよ、審査のプレッシャーに迫られたにせよ、または何らかの利害関係がその背後にあるにせよ、このような「小細工」によってデータをでっちあげたり改竄したりする者には、結局は何のメリットももたらされないだろう。

理由は単純である。環境保護データに「マスク」を掛けることは、大気汚染が改善していない現実から目をそむけることに他ならない。一般大衆は環境に対する判断を二つの経験から下している。一つは環境機関が発表する観測データで、もう一つは個人の肌感覚だ。もしも大気の観測データと大衆の感覚がかけ離れ、場合によっては全く違っていたとしたら、大衆の間に疑問と不満が生じることは避けられない。

エコ文明建設に中央は真剣に向き合っているし、関連部門も適切な制度を打ち出しており、どちらも捏造を容認する余地はゼロである。たとえば、大気の観測網と「国控重点汚染源（注）観測システム」などでは、オンラインでリアルタイムに観測され、異常値は速やかに発見される。西安市長安区が大気観測器に「マスク」をかけて数値を捏造した事件も、やはり国の環境観測センターが行った「抜き打ち検査」で発見されたのである。

鳴り物入りのキャンペーンより一罰百戒である。環境観測数値の重大性に対する公務員の認識を新たにし、「数値の捏造ぐらい大したことではない」という考えを取り除き、責任の追及にもっと注力すべきである。実際、有力幹部が職権を振りかざし、生態環境と資源に関する調査・観測データについて改竄・捏造を指示する行為は、関連法律で責任を明確に追及するむね、以前から規定されている。今回の西安市の捏造事件に関わった五人が司直の手に委ねられたことは、地方各レベルの環境機関に対する警鐘にもなった。

環境の質は大衆一人一人の直接的利益、環境の改善、大衆の感情に関わる。正しい数値で公的信頼を勝ち取り、着実な進歩で大衆の満足感を増して行くしかないのであり、僥倖に頼り利益に踊らされて捏造を行えば、他人ばかりでなく自分をも傷つけることになるだろう。

注　国に主要な汚染源と認定されて常時モニターされている企業。

第一八章　保健・医療

第三五話　安価な難病治療薬を「失踪」させるな

李　紅梅
二〇一六年一一月四日

選者より　九〇年代末期の朱鎔基首相による医療改革は不可避だったが、一面、「薬で医者を養う」弊害を生んだ。医療という公共性の高い分野でやみくもに市場経済化を進めれば、狭間で泣くのは低所得層や難病患者だ。市場化と公共性とのバランスをどうとるか、模索が続いている。

しばらく前、ある製薬会社が重症筋無力症の治療に欠かせない臭化ピリドスチグミン錠を全国規模でリコールした。その結果、この薬の供給が絶たれ、一部の患者は一月かけて探し回ったが手に入れることができなかった。

似たような状況は決して珍しくない。プロタミン（注1）・チアマゾール（注2）・アクチノマイシンD（注3）・コルチコトロピン（注4）などの薬も、近年メディアによって品薄が報じられた。これらの薬には、価格が安い、臨床用量が少ない、一社か二社でしか製造されていない、という共通点がある。しかし、上記の薬が不足すれば、代替可能な薬がない、または極めて高額な代替薬しかないため、患者には大きな負担になってしまう。わずか七~八元の注射用コルチコトロピンが、かつてブラックマーケットで四〇〇〇元まで跳ね上がった。正規価格の五〇〇倍出しても、一箱の入手すら困難であった。

市場経済において起きている、安価な難病治療薬の、需要があるにもかかわらず供給は滞る、という不可解な現象をどう理解すればよいのだろう。

生産面から見ると、上記のような「マイナーな薬」は使われる病気の発症率が低く使用量も少ないため、原料・生産ラインのコストを引き下げにくい。薬によっては政策的に価格を上げることはできても、疾病発症率が低いため必要量が大きく変化せず、値上げによる利益でそのほかの不採算を補えないのである。たとえば、アクチノマイシンDは一部の小児癌の治療に用いられるが、その発症率は一〇〇万人あたり数人と極めて低く、臨床用量も極めて少ない。これまでに何度か値上げされたが、一本二〇元に満たず、患者一人の一回の治療過程で使われる量も一二本以下と、利益が望めないため、製薬会社は生産意欲が沸かない。

販売面から見ると、現在中国で薬を市場に出す際には、GMP、すなわち「医薬品の製造管理及び品質管理に関する基準」を厳格に順守しなければならず、政府購入リスト・医療保険対象リスト・病院購入リストに載らなければ、薬の販売ルートと販売量は保障されない。

「薬で医者を養う」という事情があるため、病院と医者は低価格の薬を使いたがらず、同様に営利を目的とする薬局も低価格の薬では儲けが出ないので患者に勧めようとしない。このため、販売量が不安定だったり減少傾向が続いたりして製薬会社の生産意欲がさらに弱まり、「安価な難病治療薬」はますます立場がなくなっている。製薬会社から病院までどこでも重要視されず、結果として上記の薬は慢性的に品不足である。

二〇〇七年、中国では品薄状態にある薬について製薬会社指定生産制を試みたが、指定された製薬会社の生産モチベーションは一向に上がらなかった。その理由は、関連措置が不十分であったことや、様々な点で採算が合わないという難題に、製薬会社が二の足を踏んだことである。

こうした失敗例や以前の反省を踏まえて、近年、管理部門は「安価な難病治療薬」の製造販売政策に調整を加えた。二〇一四年、国家発展改革委員会（注5）など関連部門は、国家低価格薬リストに登録された薬に対して小売価格の上限をなくし、製薬会社が一日当たりの費用基準内で、薬の生産コストと市場の需給バランスに基づき小売価格を自主的に決定・調整してよいことにし、合理的な利潤を保障する政策を打ち出すとともに、慢性的に品薄状態にある薬の備蓄など関連する政策も打ち出し、低価格の薬の供給を保障した。

二〇一六年、製薬会社五社が、供給不足となっている三種類の薬の指定工場として認可されるとともに、購入も直接ネットでできるようになった。品薄状態にある九種類の薬の一つ、プロタミンは現在再び市場に供給され、臭化ピリドスチグミン錠も徐々に市場に戻ってきている。

しかし、現在も多くの「安価な難病治療薬」が綱渡り状態だ。業界の専門家は懸念を表明、年に数十種類のペースで低価格の薬が消えているため、「薬を待っている間に治癒のチャンスを逃したり命を落としたりする患者がこれ以上出ないように政府の『目に見える手』がもっと力を発揮するべきである」としている。

まず第一に、関連部門は「国家不足薬情報プラットフォーム」の構築に力を入れ、薬の生産量・予定生産量・流通量・必要量など需要と供給に関する情報をタイムリーに収集し、企業と国民の問い合わせに対処し、患者が薬を求めて奔走することなく、また製薬会社が採算を心配しなくてすむように取り計らうべきである。

次に、医療保険政策と品薄状態にある薬の管理システムをリンクさせ、医療保険管理部門は価格交渉などの手段を通して製薬メーカーとコミュニケーションをはかり、患者と製薬会社の両者が納得できる価格を設定し、またその動向を調整し、製薬会社が生産を維持できるよう支援するべきである。

最後に、国は品薄状態にある薬に対し指定生産を実施し、またその在庫に対し一定限度の財政補助を与え、薬に対する患者の需要を満たすべきである。

政府の「目に見える手」、医療・医薬・医療保険という「三つの医」の支え、価格・備蓄・投薬といった保障システムがそれぞれ機能し、「安価な難病治療薬」を二度と行方不明にさせないことを私たちは信じている。

注1　血栓症治療薬の中和薬。
注2　抗甲状腺治療薬の一つで甲状腺ホルモンを抑制。
注3　抗癌作用のある抗生物質。
注4　副腎皮質刺激ホルモン。
注5　第三三話注2参照。

第三六話　慢性病の治療待ったなし

王　君平

二〇一六年八月一〇日

選者より　〝吃飽了嗎？〟（お腹いっぱい食べた？）が長い間挨拶言葉になっていた中国。それだけお腹いっぱい食べることが大変だった状況から、改革開放の成果で一般庶民が俄かに飽食環境に浸り、くびきから解放されたように食べまくったツケが今、中国人の健康を脅かしている。

WHO（世界保健機関）が先日、「中国では一〇人に一人が糖尿病である」と発表した。また近頃北京で開かれた心血管疾患予防・抑制行動計画シンポジウムにおいて専門家も、「心血管病・腫瘍・糖尿病・呼吸器疾患など四種類の慢性病で死に至る割合は中国で全死亡者数の八六・六パーセントを占め、非常に危険な状況だ」と指摘した。糖尿病などの慢性病をいかにして防ぐべきか、専門家に話を聞いてみた。

慢性病は後遺症につながり、労働能力や生活の質にも影響

「中国住民の栄養・慢性病状況報告（二〇一五年）」が先日発表された。その統計によると、二〇一二年、全国で一八歳以上の成人の高血圧罹患率は二五・二パーセント、糖尿病罹患率は九・七パーセントと、二〇〇二年と比べ上昇の一途を辿っている。四〇歳以上の年齢層では慢性閉塞性肺疾患罹患率は九・九パーセントである。二〇一三年の全国腫瘍症例記録によると、中国国内の癌の発症率は一〇万人あたり二三五人で、肺癌と乳癌がそれぞれ男女のトップとなり、ここ一〇年、中国における癌の発症率は上が

る一方だ。

主な死亡原因は心血管と脳血管の疾患、癌、慢性呼吸器系疾患で全体の七九・四パーセントを占め、そのうち心血管と脳血管の疾患による死亡率は一〇万人あたり二七一・八人、癌による死亡率は一〇万人あたり一四四・三人（上位五位を占めるのは、肺癌・肝臓癌・胃癌・食道癌・大腸癌）、慢性呼吸器系疾患による死亡率は一〇万人あたり六八人である。

統計によると、中国で慢性病と診断されている患者は現在三億人に近く、そのうち半分以上は六五歳以下の年齢層である。

喫煙・飲酒などの四大要素が慢性病を引き起こす

慢性病は中国都市部でも農村部でもすでに死亡の主な要因となっている。統計によると、中国の都市と農村における慢性病による死亡者数が総死亡者数に占める割合は、それぞれ八五・三パーセント、七九・五パーセントにも達している。貧しい地域でも慢性病による死亡は軽視できず、多くの貧困県におけるその割合も六〇パーセントに達している。

ＷＨＯの調査によると、慢性病を発病する原因の六〇パーセントは生活習慣によるものだ。同時に、遺伝・医療条件・社会条件・気候などの要素も関係する。生活習慣でいうと、栄養のアンバランス、運動不足、喫煙、アルコールの過剰摂取が慢性病の四大危険要素だ。

慢性病予防抑制センターの王臨虹常務副主任によれば、ここ数年、中国の農村地域では経済が急速に発展しており、衣食に関する問題はすでに着々と解決に向かっている。しかし、農村の衛生環境や住民の知的レベルはいずれも低く、「贅沢病」とよばれる慢性病が広まる恐れがある。農村部では糖尿病の罹患率が急上昇し、糖尿病多発地域になった。二〇〇二年、中国農村部における成人の糖尿病罹患率は一・八パーセントだったのが、二〇一〇年には八・四パーセントにまで上昇しており、その上昇速度は都市部より速い。

王臨虹副主任の分析によると、農村部では、生活水準の改善や農作業の機械化により、以前に比べて人々がはるかに体を動かさなくなっており、加えて栄養バランスの悪い食事や生活習慣の乱れが原因で、肥満や血中脂肪の異常などが引き起こされている。さらに農村の衛生設備や住民の知識水準も相対的に低く、糖尿病などの慢性病が多発しやすいようである。

中国工程院院士・中華予防医学会会長の王隴徳氏は、中国の成人における高血圧罹患率は、二〇〇二年の一八・六パーセントから、二〇一二年には二一・二パーセントにまで上昇し、三億人近い国民が高血圧患者だと言う。

「糖尿病の自覚率・治療率・抑制率はいずれも低く、また、農村、特に辺鄙な地域では血圧を測ったことがない人も多く、自分が高血圧症だということさえ知らないのです。もし高血圧が効果的に抑制されなければ、脳卒中の発症率は上昇し続けるでしょう」

バランスのよい食事は「一〇個のテニスボールの原則」を参考に

王隴徳会長の指摘では、スポーツトレーニングの不足と日常的な運動の減少が招く運動不足が慢性病発症の主要な要素である。王会長は、一日平均三〇分以上のトレーニングを毎週最低三日することを勧めている。

一日のうち、最もトレーニングに向いた時間は夕方四時から五時頃で、その次が夕食後二～三時間の間だ。トレーニング方法は有酸素運動を主とし、ウォーキング、ジョギング、スイミングなどの持久力型運動と、器具や鉄アレイ、エキスパンダーなどを使った筋力トレーニングを含む。持久力運動と筋力トレーニングは組み合わせて行うのがよく、六五歳以上の人でも週二、三回、八～十種類くらいの筋力トレーニングをするとよい。

さらに王会長は、栄養バランスのよい食事として「十個のテニスボールの原則」を推奨している。毎日食べる肉の量はテニスボール一個分の大きさを超えない程度、主食はテニスボール二個分くらい、果物はテニスボール三個分、野菜はテニスボール四個分以上を摂取する。その他に、毎日、卵一個、牛乳一斤（五〇〇ミリリットル）、ナッツ一摑み、豆腐一丁の「四つの『一』」を付け加える必要がある。

「中国人は脂質摂取量が多すぎます。食事における脂質の平均摂取量は三二・九パーセントであり、脂肪を多く含む豚肉の摂取量が目に見えて増加したことにより、『中国国民食事指南』が推奨している二五～三〇パーセントという適切な脂肪摂取量の上限を超えてしまいました」

「食事の栄養バランスの問題を解決するには、『中国国民食事指南』をお手本として、バランスのよい食事を積極的に勧めなくてはいけません。植物性の食物を主とする中国の食事モデルを維持し、動物性の食物を適度にとどめ、果物・野菜・大豆・乳製品の摂取は増やすべきです」

北京大学第一医院の郭暁蕙教授は、「糖尿病を例に挙げると、患者は血糖値を下げ、血圧を下げ、血中脂肪を調整し、体重をコントロールしなくてはなりません。また禁煙、節酒、油の摂取制限、減塩、そして運動を増やすなどして生活習慣を改善すれば合併症を併発するリスクは明らかに減り、病状をきちんとコントロールして合併症の発症を遅らせれば患者は健常者同様の生活を送ることができます」と言っている。

中国疾病予防抑制センターの梁暁峰副主任は「慢性病の予防・抑制事業はインターネットと緊密にタイアップできる」と考えている。ウェアラブルデバイスが健康関連の領域でますます多く運用され、歩数計から血糖値・血圧の測定アプリに至るまでがＳＮＳ環境に導入されれば、健康サービスの領域を大きく広げることになり、その結果、人々は互いに励ましあって健康管理を進めるようになり、一人一人の健康の改善にさらにプラスとなるだろう。

第一九章　食の話Ⅰ

第三七話　舌の上のビッグデータ

余　建斌

二〇一六年一〇月二八日

選者より　ミシュランといえば日本ではそれなりの権威として認められている。その一方、ネット上の口コミで「美味しい」という書き込みが多い店が人気になっているのも確か。スマホ社会の中国ではそれで完全に逆転、ビッグデータの威力の前にミシュランもたじたじ……。

世界的に有名なフランスのグルメガイド『ミシュランガイド』が先頃、中国本土に初上陸、最初に出版した「ミシュランガイド二〇一七上海版」が上海の地元のレストランを「格付」した。

これまでは多くの美食家がガイド本を参考にレストランを回ったものだが、今回の上海版ミシュランガイドはあまり共感を呼ばなかったようだ。例えば、一部の人が「信じられない」と感じるのは、上海にはレストランがごまんとあるのに、ミシュランで三つ星に選ばれた「わざわざ訪れる価値がある素晴らしいレストラン」はわずか一軒のみで、推奨されているレストランの多くが地元の上海人からは「月並み」と思われているからである。

人々はミシュランの評価より、消費者自身の投票による「ランキング」の方を信用しているようだ。たとえば「ミシュラン三つ星」に選ばれた上海のレストランは、中国の口コミ投稿アプリ「大衆点評」というアプリでは星四つ半であり、特に優れているわけでもなく、同等に評価されるレストランも複数ある。あるネットユーザーによれば、

「ミシュランに評価してもらうより、民衆が自分で評価した方がよい」そうだ。

包丁捌きや調理の腕前、食材や素材へのこだわり、これらの要素も確かに味に影響するが、実際の味の良し悪しは自身の舌だけが知っている。したがって口コミは飲食業界にとって実に大切な存在である。ハイレベルのシェフや美食家などの評価に基づき、専門的な意見や提案を提供する、これが「ミシュランガイド」が一〇〇年以上にわたりなお人気がある理由である。しかし、今や人々の口コミ情報がSNSなどにより蓄積され、ビッグデータというスタイルで姿を現すモバイルインターネット時代であり、このスタイルこそ規模の広さと精度において、口コミの特徴にマッチしているのである。つまり、ミシュランが大衆の口コミにかき回されたというより、従来型の産業モデルがビッグデータに遭遇して窮地に立たされたといったところであろう。

外食産業を例に見ると、ビッグデータの効果は、単なる口コミより数段階も高次元だ。消費者の需要動向を反映することも、企業側や業界に需給情報を提供することもできる。

「美団点評」(注1)が提供する飲食ビッグデータによれば、二〇一五年のザリガニに対する消費者の注目度は四月に急上昇し、五月にピークに達し、六月から八月にかけて高止まりで推移していた。

二〇一六年になると、ザリガニ漁もその市場供給も早められ、消費ニーズのピークが繰り上がる傾向が現れた。この分析結果を活用し、もしもザリガニ業者が早めに市場をオープンすれば、出荷量はまだ少なくて高く取引されるため、ザリガニ業者が早めに取引を始めるならば、供給量が少ない時期における高値取引が市場を活気づけ、機先を制することができる。

同じくビッグデータの分析によると、国内の鍋料理屋の四〇・六パーセントでは、一人あたりの消費金額が五〇～七五元に集中している。さらに鍋料理「愛好家」は一般に、ボーリングなどリラックスした娯楽活動を好むことが分かった。これらの特徴は明らかに企業側が消費者によりマッチしたサービスを提供するのに役立つ。

ビッグデータは、インターネットやデジタル技術の果実として、業界や生活に深く関わってさらに正確で細分化された専門的情報を発掘できるばかりか、様々な分野や業界に風穴を開け、結びつけることもできる。それによって一層豊かなコンテンツを展開し、時には新しい分野を切り開くことができる。

ビッグデータ時代のソーシャルツールから得られたユーザデータは、異なるグループの好みや個別の特性を鮮明に描き出せる。タオバオ（注1）のビッグデータにより、ユーザーの購買習慣や業界の違いを洞察することができ、テンセント（注2）の防犯データを通して、携帯電話ウイルスや電信詐欺で最も深刻な被害を受けている地域やグループを把握することもできる。例えば、ある期間に特定エリアの検索エンジンにおいてインフルエンザというキーワードの検索件数が急上昇していれば、そのエリアでインフルエンザが流行しているのをおおむね判断することができる。

「プライバシーの境界と商業的な使用ルールが決められている」という前提の下で、ビッグデータは様々な業界に「化学反応」を起こしている。いかにビッグデータを使いこなすかは、まさに従来型産業が「互聯網＋（インターネットプラス）」というディープラーニングを導入する絶好の「入口」である。

注1　二〇一五年一〇月、中国大陸地区で初の逸品共同購入電子商取引サイトを持つ美団ネットと、ユーザーの口コミを特徴とする最大の都市生活消費ガイドサイトである大衆点評ネットが共同で創設した新会社。新会社は二社が持つ強みの相乗効果を発揮するため、Co－CEO（共同経営責任者）制度を実施し、二社の人員構成を変えず、各自のブランドを残し、独立業務運営を行っている。

注2　一九九八年、広東省深圳市に設立されたインターネット関連の各種サービスを提供する中国最大手企業の一つ。インスタントメッセンジャーQQで確固たる地歩を築いた後、オンラインゲーム、チャットアプリ、電子商取引、スマホ決済などの分野で業容拡大を続けている。

第三八話　太湖の上海ガニ、今が旬

――囲い網養殖を縮小して経済と環境の両立を

王　偉健

二〇一六年九月三〇日

選者より　暮れから正月にかけての中華料理の王様といえば上海ガニ。とはいっても正真正銘のホンモノは一割にも満たないという話も。そんな上海ガニのブランドを守り、また、質の向上を図ろうと、環境改善との両立を試みた新しい取り組みが始まっている。

俗に「菊が咲いたらカニも食べ頃」（注1）と言う。今まさに上海ガニの水揚げ期を迎えた太湖で、九月二七日、東の空がほの明るくなる頃、銭小華さんは養殖エリアへと船を出した。

「ここのカニはエコ養殖で、身は甘いし、味噌もコクがあるよ」と話す銭さんは、江蘇省蘇州市七都鎮にある太湖の畔で二〇年以上カニの養殖に携わってきた。最近ではネット注文も増えてきて、毎朝五〇キロぐらい水揚げしているという。

今、広大な太湖の囲い網によるカニ養殖面積は四万五〇〇〇ムー（注2）だが、最も多いときは一九万六〇〇〇ムーもあった。しかし長年にわたる取り組みが功を奏して太湖及び太湖と川筋がつながっている陽澄湖の水質は徐々に改善され、銭さんのようなカニの養殖業者はここ数年、減収どころか、かなり懐が潤っている。

囲い網養殖面積を大幅に整理・縮小

「太湖の養殖エリアの水深は平均一・五メートルから二メートル。日差しが湖底まで届くため水生植物の成長が促され、上海ガニに豊富な食物と生息地を提供できます」。呉江万頃太湖蟹養殖社の孫興良会長は、三〇年にわたるカニ養殖の経験から、湖の浅瀬こそ上海ガニの成長に最適だと説明する。

しかし、まさしくそれゆえに、一時は太湖が養殖用の囲い網で埋め尽くされてしまったのである。密集した網が船の進行を阻み、水質汚染をも招いた。華東師範大学の陸健健教授によれば、囲い網養殖の主な問題点は、餌の利用率が一般にわずか三〇パーセントから四〇パーセントしかないため、カニなど水生生物の食べ残しが湖水の富栄養化を引き起こす原因の一つになることである。

きれいな水がなくてはよい魚もよいカニも育たない。漁民たちは考え直し始めた。二〇〇八年から太湖西部では二万六〇〇〇ムー余りの網が撤去され、太湖東部では一六万ムーあったのが四万五〇〇〇ムーに縮小された。

孫会長が一七年間手掛けた一〇〇〇ムーの囲い網も撤去の憂き目に遭い、漁民一世帯当たり一五ムーという厳しい養殖面積を割り当てられた。

「太湖の水をきれいにするためには、養殖規模の厳しい規制が是非必要だ」と孫会長は言う。

適度な養殖は水環境を悪化させない

太湖水系の一部を構成する陽澄湖で最も注目されているのは、その水質改善と上海ガニの質である。蘇州市は昨年「蘇州市陽澄湖生態環境改善実施プラン」を公表した。これにより、窒素及びリンの削減を軸に化学的酸素要求量を抑えるべく四二億元を投資し、陽澄湖の水質改善のために抜本的なとりくみを行う方針だ。

このプランの下ですでに産業構造に関する一四項目の調整が行われ、環境保護区内の一三の化学工業・捺染・電気めっき工場が閉鎖された。また、陽澄湖水域に点在する船上レストランや居住用船舶の取り締まりが行われ、「農家楽」（注3）による汚水も全て処理されることになった。

「過度の養殖は明らかに水環境を悪化させますが、適切な規模であれば問題になるほどではなく、水環境の生態バランスを保つのにかえって有益です」と孫会長は言う。例えばカニは水草を食べるので、全く養殖しなければ、水草がどんどん増えて湖の沼沢化を引き起こし、生態系のバランスが崩れてしまうというのである。

カニ養殖家のこの経験は上海海洋大学の調査研究でもほぼ実証されている。同大学の専門家は、

「およそ水草の多い場所ではアンモニアや窒素の含有量が低く、水質も比較的よい。カニ養殖用の囲い網エリアも同じです。養殖面積を湖面全体の二割以下に抑えると、湖水の二次汚染は起こりません」と指摘した。

蘇州市では、陽澄湖西部の囲い網を全部撤去した後に半閉鎖式管理を行い、水草を育て、魚介類を放流することで水質を回復させてから上海ガニの放し飼いに乗り出す計画だ。また、湖水の放水システムや陽澄湖沿岸地域の飲用水の質に影響を及ぼさないという前提で、規律に従った養殖エリアの正確な位置をGPSで特定し、囲い網養殖専用のデータベースを構築して情報の一元化管理を行う予定である。

よい水はよいカニを育て、よいカニはよい値で売れる

「水がよければよいカニが育ち、よいカニはよい値で売れます。これまで二〇〇グラムのオス一匹がせいぜい二〇元前後でしたが、今は七〇元から八〇元でも買い手がつきます。以前一〇〇〇ムーの湖面を管理したときは粗放型経営法で、骨折り損のくたびれ儲けでした。今は養殖面積こそ減ったけれど、価格が四倍に跳ね上がったことで、儲けは多くなっています」と孫会長はいう。

エコ養殖を始めてから、孫会長が養殖するカニは質がどんどん向上している。

「一面に広がっていた囲い網がなくなってから、太湖の水が流れ始め、流れる水は腐らないからカニの生育環境もよくなりました。おかげで、上海ガニが病気にかかるケースも減りました」

孫会長はさらに、優れた幼生を選び、投入数を調節し、外国産飼料の利用量を抑制し、養殖用水草を大量に栽培し、コクレン、ハクレン（注４）などエサになる魚類を繁殖させ、タニシや貝類など底生生物を投入するなど、一連の科学的手法を導入している。

陽澄湖のほとりで生まれ、湖とともに生きてきた相城区蓮花島の漁師、沈海栄さんは、一九九三年から二〇〇ムーにおよぶ上海ガニの養殖事業を手掛け、二〇〇八年には舟を購入して船上レストランを開業した。しかし、その生活排水と店から出る廃水が陽澄湖の水質に影響を与えたため、二〇一四年末、長年経営してきたレストラン船を処分した。

「私を育ててくれたのは陽澄湖の水です。儲けが一時的に少なくなってもかまいません。澄んだ水と美しい景色がなくなれば、元も子もなくなります。孫子の代をおまんまの食い上げにさせるわけにはいかないですよ。長い目で見て利益を手に入れようとするには、この美しい湖水をちゃんと守らないといけません」と沈さんは語った。

注1　原文は「菊が咲いたらカニが脚をむずむずさせる」の意。諸説あるが、「菊花の季節にはカニが水からわらわらと上がってきて食卓に上ることを表す」と言われる。〝秋風起、蟹脚痒。菊花開、聞蟹来〟とも言う。
注2　第七話注3参照。
注3　いわゆるグリーンツーリズム。観光業と農業を結びつけ、農村の自然や文化を観光資源として運営する農村観光事業。観光農園型・農業体験型・観光民俗村型など様々な種類があり、この一〇年、中国で大流行している。
注4　いずれもコイ科の淡水魚。

第二〇章　食の話Ⅱ

第三九話　山西省晋中市の酢を訪ねて

李　培禹

二〇一六年一二月一〇日

選者より　山西と言えば「醋（酢）」。水餃子に欠かせないだけでなく、さまざまな食べ物や健康増進にも応用されている。中国伝統のこの酢文化を守り引き継いで行くための取り組みも行われている。長い伝統とそこから生まれた生活に深く根差した文化でいつか中華料理を世界遺産に。

晋中（注1）の土を踏んだことのない人で「醯」という字を知っている人はほぼ皆無だろう。だが、この地を訪れると、この字と毎日顔を突き合わせることになり、三度の飯もこれなしでは済まされない。私は同行してくれた、友人でもある山西省の作家にその意味を尋ねた。こちらの真剣な口ぶりに彼はにっこりして答えてくれた。

「山西老醯って耳にしたことがあるでしょう。『醯』は『西』と同じ発音、原義は『醋』（酢）で、そこから派生して酸味の意味になったのです」

楡次古城からさほど遠くないところにある老西醋博園を訪ねた。それまで私の「醋」や「醯」に対する認識は、幼い頃からの好物、白菜の甘酢あんかけにとどまっていた。さらに言えば「山西老陳醋」で炒めれば、あのあんをからめた白菜がずっと美味しくなり、とりわけご飯が進むことぐらい。しかし私は今、十数万平方メートルの敷地を有し中国一の酢醸造所と称えられる酢の都に身を置き、幽かに漂う甘い香りに包まれて一種の衝撃さえ覚えている。

山西省の酢醸造には三千年の歴史がある。北魏の賈思勰（注２）の名著『斉民要術』（注３）には、二〇通り余りの醸造法が集約されている。その中の「米酢の製造法」は「山西老陳醋」の醸造法とほぼ重なる。

明末清初、晋中市介休県に王という酢醸造の名手が現れ、太原市清徐県域外に「美和居醋坊」（注４）を開設し、白酢（注５）の醸造法に燻蒸法（注６）を加え、大胆な技術革新を行った。夏は太陽の熱で水分を蒸発させ、冬は酢の中の凍った水分を掬っては捨てる、という熟成を続けて、ついに「山西老陳醋」ブランドの「美和居」を造り出し、なんとこれは順治帝（注７）もお気に入りの名酢となった。

酢には大量の酢酸の他、カルシウム、鉄分、乳酸、グリセリン、アミノ酸、アルデヒド化合物が含まれていることが現在広く知られている。調味料としてだけではなく、健康増進にも優れている。記録によると、清の乾隆年間に開発された婦人病薬「定坤丹」には二〇種余りの生薬が採用されたが、いずれも「山西老陳醋」に浸されたものである。

「開天闢地　遠古洪荒。万物初生　智慧猛漲。古猿尋蟻　本能駆使。采摘野果　酸味得賞。唯物進化世界蕣蕣。食蟻喫酸　生存基本。三皇五帝　文明初創。五味漸分　福澤炎黄」（注８）と吟唱したのは、我々

を案内してくれた郭俊陸社長で、国の無形文化遺産モデル基地「東湖老陳醋」の伝承者でもある。数十年間酢に寄り添い、酢とは固い絆で結ばれている。

郭社長は我々を連れて発酵池やモロミ室を廻り、説明をしてくれた。見学者たちはみなぴったりとその後に続き、語られる酢の薀蓄を一言も聞き漏らすまいとした。曰く「食事は日常的に摂る薬だが、薬は日常的に食べる食事ではない。酢は常に口にする薬だが、さらには常に口にする食事でもある」、曰く「山西人にとって酢は命、戦いに敗れた兵士は槍を引き渡しても、酢の入った瓢箪は渡さなかった」等々。

発酵中の大甕を手でかき混ぜながら郭社長の説明は続く。

「わが山西のコーリャン、オオムギ、エンドウマメは酢づくりに最適で、それに穀物の糠とふすまを加えます。蒸す、発酵させる、燻す、濾過する、熟成させるという五つの工程を経てから甕を密閉し、二、三日した後は毎日よくかき混ぜます。そして一八日経つと新しい命が宿るのです」

「五穀雑穀が命を持つのですか」と一人が怪訝そうに尋ねると、郭社長はきっぱり「命があり、天性の素質があります」と答えた。そして社員に甕の覆いを外させ、発酵している液体を木の棒で一回、二回、三回とかき回し始めた。すると液体がブクブクと泡立ってきたではないか。誰もが興味津々、郭社長は離れた場所にいる人もそばにある発酵甕を見るよう促した。摩訶不思議！　かき混ぜている人などいないのに、甕の中がブクブクと泡立っている。郭社長は「麹は酢の命です」と、次のような喩え話をした。

「コーリャン、オオムギ、エンドウマメは麹となった後、穀物の糠やムギのふすまとともに温かい水に溶け込みます。まるで魂が酢の隅々にまで入り込むかのように、その中の万物の魂もそれぞれに酔い痴れ、新しい命を得て、流れ出た涙が芳しく美味しい酢を醸し出すのです」
郭社長に導かれ、「酢の旅」を通して深い感銘を得た。「よい酢は一つ一つの工程に手間をかけた、きつい力仕事から醸し出される」ということを我々は自分の目で見届けた。社長は、攪拌の仕事に就いて四〇年のベテラン職人である楊さんを呼び止め、両手を広げさせた。親指を除いた八本の指には銅製の指サックが嵌められている。

「この指サックは師匠から受け継いだもので、今はもう生産されていません」と楊さんが言った。彼は毎日この指サックを着け、腰を屈めて一つ一つの甕の酵母菌をくまなくかき混ぜる。隅々までむらなく空気を行き渡らせるため必要なのだ。うれしいことに、還暦近い楊さんだが健康でピンピンしている。

「長い間、風邪一つ引きません。酢の健康増進機能のおかげじゃないかな」と楊さん。

老西醋博園は人気ブランド「東湖醋」の産地であることから、東湖醋園とも言われる。ここには本当に「東湖」という湖があるが、中に湛えられているのは正真正銘の酢液、まさに絶景というにふさわしい。高く聳える酢の山、酢の林……それはもちろん、製品となった酢の貯蔵されている姿である。酢の山はうず高く積み上げられた大型の甕、酢の林は敷地内に聳える金属製の大きな酢の甕九六個からなり、雲南風景区の石林そっくりで、その中には五年以上熟成された良質の「山西老陳醋」が一万トン余り入っている。

晋中市は黄河流域の悠久なる農耕文化を持ち、「老陳醋」はそれを代表する顔である。省の指導者は視察すると必ず念を押す。

「『老陳醋』は晋中市の顔であるだけでなく、山西省全体の顔でもある」と。

注1　山西省の古名。
注2　六世紀前半、山東省寿光市出身で、北魏の高陽郡太守を勤めた文人。
注3　六世紀中葉に成立した中国最古の総合的な農業書。九二編、全一〇巻。華北の農業・牧畜・衣食住を集大成。酢の醸造法が紹介されている。
注4　一六三八年創業。全国最大の「老陳醋」生産基地で、六〇〇年の歴史を持つ。
注5　色が透明な酢。日本の酢はこのタイプ。
注6　発酵後の原料の一部を鉄鍋で約一週間加熱し、これに濾過した液体の酢を合わせる。
注7　一六三八～一六六一年。清朝第三代皇帝、世祖。
注8　意味は、「天地が創造された太古の時代、万物が創造され叡智が花開き、古猿はアリを求めた、本能に駆られてのことである。野生の果実を摘んで酸味を知る。唯物は進化し世界は渺茫としている。アリから酸味を摂るのは生存の基。三皇五帝は文明を創造し、五味（酸味・甘味・苦味・辛味・塩味）が次第に分かれ、炎帝（神農）と黄帝（軒轅）に恩恵をもたらした」。

第四〇話　スイカと中国人

賈　飛黄
二〇一六年八月二〇日

選者より　北宋時代を背景にした水滸伝を読むと、渇を癒すには梅の実が登場する。スイカの伝来はちょうどその前で、瞬く間に庶民に広がった。今では中国の夏にスイカは欠かせない。スイカの販売は夏の風物詩で、食後のフルーツにも必ずスイカが出てくる。そんなスイカにまつわる話。

中国人は昔からスイカを食べてきた。明代の科学者、徐光啓が著した『農政全書』には「スイカは西域から伝わったので、西瓜と名付けられた」という記載がある。同じく明代の李時珍の著作『本草綱目』にも、「胡嶠という人が回鶻《かいこつ》（注1）でウリの種を手に入れたため、西瓜と呼ばれた。すなわち、西瓜は五代（注2）の頃から中国に伝来し、今は全土に広まった」とある。

これらの記録によると、スイカの名前は西域に由来する。しかもその伝来時期は明より前だったばかりか、南宋以前に遡る。なぜなら宋代の詩文はすでにスイカの痕跡をとどめているからである。

例えば、南宋の詩人、范成大がその詩『西瓜園』に「青々とした西瓜の蔓が霜に耐え、柔らかな土に臥している。この数年、どの地方でも西瓜を食べる。図体ばかり大きくて味は水のように薄い。葡萄《ブドウ》や苜蓿《ウマゴヤシ》ほどは自慢できない」と書いている。同じく董嗣杲の詩『中伏』にも「淮童（注3）は羽目を外しがちで、酔っ払って西瓜を拾い二つに割った」とある。

これらからも分かるように、南宋の頃、スイカはもう中国に伝来しており、しかも宮廷にしかない珍しいものではなく、一般庶民もすでに味わうことができた。その後、「留取丹心照汗青」〈真心を留めて、歴史に名を輝かそう〉（注4）という詩句で知られる文天祥はスイカのために詩を書き、「抜出金佩刀、斫破蒼玉瓶、千点紅桜桃、一団黄水晶。下咽頓除煙火気、入歯便作氷雪声。長安清富説邵平、争如漢朝作公卿」〈金の佩刀を抜き、緑の玉器を斬る。その果肉は千粒の赤いサクランボを集めたようでもあり、一塊の黄水晶のようでもある。喉を通ればたちまち口の中がすっきりし、噛めば氷雪のような音がする。長安の貴族は邵平（注5）のことを、漢の公卿より勝ると言う〉と詠んだ。

朝廷でもスイカは一定の地位を占めていた。清の西太后はスイカを食べるとき、真ん中の最も甘い部分のみ食べ、残ったスイカをくりぬいて上等なハムや賽の目に切った鶏肉・杏仁・竜眼（注6）などを詰め、湯煎して煮込み料理を作った、という言い伝えが広まっている。

当然のことながら、現在の人々がこの「老仏爺」（注7）と呼ばれた西太后の贅沢三昧の暮らしを云々すると、「食べ物の一部しか食べず、大部分は捨ててしまう」という見立てに落ち着いてしまう。書物を読んでも「皇帝はきっと金の鍬で畑を耕していたに違いない」という感じは拭えない。しかし、他でもないこの事例から分かることは、天下広しと言えどスイカはスイカで、結局のところ食べ方は似たようなものであり、皇帝もスイカを食べることに庶民とさほど変わりがない、ということだ。こう考えたら段々とすっきりし、暑さも幾分和らいだ。

だが、私から見れば、スイカを本格的に味わえるのはやはり市井に暮らす人々のほうだろう。果物の中でスイカは、食べる時に最も約束事がある果物である。私が行ったことのある幾つかの地方では、スイカを切ることをずばり「スイカを殺す」と言う。初めて聞いたときはかなりギョッとしたが、実はスイカを切ることを家畜の屠殺と同じように見ているのである。

農業社会の伝統では、家で何かを屠殺することは一大イベントであって、親戚が来るとニワトリやアヒルを絞め、正月や婚礼にはブタやヒツジを潰し、夏の夜の暑気払いにはスイカを「殺す」。いずれも一家を挙げての重大事であり、いい加減にしてはならない。

「スイカを殺す」ときの全体の流れは、子どもたちが歓声をあげぴょんぴょん飛び跳ねる中、一家の主である父親が大きなスイカを担いで戻るところからほぼ始まる。

まずスイカを冷たい水に入れて「冷やす」。井戸のあるところなら、スイカを桶に入れてそのまま井戸に浸けるのもよい。子どもたちはしょっちゅう井戸端へ駆けて行き、スイカが冷えたか触ってみる。夕食が済み、夜の風もいくらか涼しくなったころが「スイカを殺す」時である。母親の采配のもと、家族全員が一堂に会して賑やかに見物する。

父親がよく冷えて水が滴るスイカを抱えてきて、平らなところにきちんと置き、家で最も大きな包丁でスパッと切ると、スイカは裂けて、赤い汁がほんのり甘くみずみずしい香りとともに滲み出る。子どもたちは緊張したり興奮したりしながら拍手喝采し、お年寄りは満面に笑みをたたえて元気な孫たちを見ている。

切り分けたスイカがめいめいに行き渡ると、すぐにシャリシャリとスイカを食べる音が協奏曲を奏で始める。種が床に置いてあるホーローのたらいにパラパラと吐き出され、軽やかな音を立て続ける。

スイカは大きいうえ、切ってしまうと保存が効かないので、一度に大勢で分けて食べないと無駄になる。これは、家族の絆を重視し、賑やかなことが好きな中国人にとって一家団欒のよい口実になる。このように夏にスイカを食べる光景は南も北も、昔も今も、みな大同小異であり、いつも人々を感動させている。

今では「スイカを食べること」はただの飲食ではなく、文化的な象徴という意味も持つようになった。スイカはみんなで集まって食べるという特徴ゆえに徐々に庶民の「俗文化」の気質に染まっていった。「俗」と言っても「低俗」ではなく、「通俗」という意味であり、広く大衆に受け入れられて人情味がある、ということだ。

中国初の切り絵アニメーションのタイトル『猪八戒スイカを食べる』は、『猪八戒リンゴを食べる』や『猪八戒ライチを食べる』だったらいまひとつ物足りない。今、インターネット上で「スイカを食べる」が「野次馬見物」の意味でよく使われているが、それを「ブドウを食べる」や「洋ナシを食べる」に言い換えたら、興趣がかなりそがれてしまう。焼けつくような夏の日差しの中、エンジュの古木の陰で人々がテーブルを囲んでスイカを食べながらよもやま話をしている情景を連想すると、なかなか言い得て妙だ。

おまけにスイカは値段が安いので、お腹がスイカよりも丸くなるほど食べてしまいやすい。これこそがスイカの特徴であって、すなわち質素で爽やかで庶民的だ。「一騎紅塵妃子笑」（一騎の馬が紅塵を巻き上げやってくるのを、妃は笑顔で迎える）（注8）と詩に詠まれたライチほど富貴な宿命はないが、スイカは「飛入尋常百姓家」（庶民の家に飛び込む）（注9）ことができた。果物にとってこれほどよい落ち着き先が他にあっただろうか。

注1　ウイグル族のこと。
注2　華北に後梁・後唐・後晋・後漢・後周の五王朝が興亡した時代。唐と宋との間の九〇七年から九六〇年をいう。
注3　淮河流域に生まれ育った少年のこと。
注4　『過零丁洋』（零丁洋を過ぐる）という詩の一節、「人生自古誰無死、留取丹心照汗青」より引用。「丹心」は赤心・真心。「汗青」は、紙のない時代、油（汗）を抜いた青竹に歴史などを記録したことから、青史・歴史を指す。
注5　邵平《しょうへい》は秦の時代に東陵侯に封じられたが、秦が滅亡すると平民となり、瓜を栽培した。この瓜は美味で「東陵の瓜」と呼ばれた。
注6　杏仁《キョウニン》はアンズの種の中にある核、竜眼《リュウガン》はムクロジ科の木の果実。いずれも生薬として用いられる医食同源の食材。
注7　「御仏様」という意味。西太后の別称。
注8　唐の詩人、杜牧の『過華清宮』の一節。「妃」は楊貴妃のこと。馬がライチを運んできたので、ライチが大好きな楊貴妃は笑顔で迎える意。
注9　唐の詩人、劉禹錫の『烏衣巷』の一節。「旧時謝堂前燕、飛入尋常百姓家」（昔は王・謝一族の大邸宅の前にいたツバメが、今は普通の庶民の家に飛んで入ってきている）

エピローグ

「論語読みの論語知らず」
——経典丸暗記、結果は凡才

張　賀
二〇一六年九月八日

選者より　習近平政権の下、中国の伝統文化の見直しが進んでいる。「先人の知恵に学び、それをいかに現代に生かし発展させるか」は重要なテーマ。しかし、その伝統文化の受容が金科玉条になれば封建礼教の二の舞になり、魯迅が痛罵した〝吃人宗教〟（人食い宗教）が復活してしまう。

一〇年かけて三〇万字の儒家の経典を暗唱したのに、結局、常用の漢字すら正しく覚えられず、八〇〇字程度の作文も誤字だらけ。さらには読書への興味を失い、重い精神疾患に……。この「読経少年」たち（注1）の学習歴に関する最近の報道が各界の注目を浴びた。いつの頃からか、現行の教育体制とかけ離れた彼らとその保護者が勇者として讃えられるようになったが、「読経運動」が全く無意味な賭けであり、我が子の貴重な青春を無駄にし、凡才や無用の長物しか育てられなかったことが事実として証明されたのである。

読経少年たちを責めてはならない。そもそもこれは彼らが自ら選んだ道ではないのだ。しかし、子どもたちを正規の学校教育を外れた読経の道に進ませようとした保護者は責任を免れない。その極端な視野狭窄が子どもたちの青春を台無しにしたのである。

なぜ「読経運動」は凡才しか生み出せないのかといえば、それは、「読経運動」が教育や認知の法則に根本的に反しており、もともと失敗に終わる運命にあったからである。

読経推進派の保護者が強調していたように、教育の目的は科学的文化的な基礎知識を身につけることだけではなく、健全な人格を形成することにある。しかし、儒家の経典を暗誦するだけで健全な人格、ひいては賢人を育成できるというのはあまりに幼稚な考えだ。人は社会的動物であり、他者との交わりを通して身につけ得るものは単純な学校教育の成果をはるかに上回る。現行の学校教育には弊害もあるが、集団教育という方法自体は人間の成長法則に適っている。また、子どもの発達に最も強く影響するのは学校でも家庭でもなく仲間であることを実証した研究もある。

にも関わらず、「読経運動」に放り込まれた子どもたちは深山に一人隔離され、日々顔を合わせるのは同世代の活発な仲間たちではなく、古色蒼然とした教師と、意味さえさっぱりわからない古文である。友情とは、社会とは、そして人生とは何かといったこともわからない、そんな「教育」は人を育てるどころか壊すだけである。

「昔の人はそのようにして学問を行ってきたではないか」と言う人もいるが、これは全くの独りよがりな想像に過ぎず、典型的な無知である。孔子の時代にあっても学びは集団によるのが主であって、決して現実の生活から遊離してはいなかった。「子入太廟、毎事問」（大廟に入って事ごとに質問していた）（注

2）と言うではないか。孔子も決して古代の経典のみを学んだのではなく、現実の生活の全てに興味を持っていた。「学而時習之、不亦説乎」（学んだことを時に応じて反復し、理解を深める、何と楽しいことではないか）（注3）とも言う。孔子が唱えたのは知行合一であり、実学の尊重である。「学而不思則罔、思而不学則殆」（本を読んで勉強するだけで自分で考えることを怠ると、物事の道理が身につかず何の役にも立たない。また、考えるだけで本を読んで勉強しなければ、独断的になって危険である）（注4）。孔子はよく学び、深く考えることを学問を好む条件と考えた。読経運動のようにただ閉じこもって書を読み、丸暗記せよなどとは『論語』のどこにも書かれていない。

「学び」とは、与えられた試練の中で試行錯誤をしながら何かを獲得していくプロセスに他ならない。丸暗記、それも意味もわからぬまま手当たり次第に暗誦するなど、人の大脳の認知過程にそぐわない時間の浪費である。試したり間違ったり失敗したりといったプロセスもなく、新しい事柄を習得する中で味わう戸惑いもなく、新しい技術を体得した時の興奮もなくて、人が学ぶことを好きになるはずがない。学びとは本来刺激に富み、楽しみに満ちたことであったはずなのに、「読経運動」は学びを機械的な運動に置き換えてしまった。これでは心と頭両面の活動という学びの本質とはほど遠い。子どもたちが読書への興味を失い、古典を学ぶことを全て拒絶するに至ったのは偶然ではない。認知の法則に反した読経の必然的な結果である。

「読経運動」は伝統文化ブームの中で生まれた。伝統文化ブームに対しては形式主義や極端に走らないよう十分冷静を保つ必要がある。伝統文化の中の優れたもの、現代にも通じる部分については吸収する価値があるが、伝統文化が現代の正規の教育に取って代わってはならない。それではただ袋小路に入り込むだけであることは事実によって実証されている。

現代人は近代的な教育を受けるべきで、伝統的な私塾や国学に回帰することは時代に逆行する偏った行いである。中でも警戒すべきは、よくわからないまま伝統文化を渇望し伝統を畏怖する大衆の心理につけ込み、賢人の育成や精神の涵養という旗印の下に商業主義的な教室を大々的に開き、人間の精神を破壊して金儲けに走る者たちのいることで、恥知らずの極みである。このような行いに対しては教育部門と商工部門が行動を起こし、法律・規則に違反する非合法な経営者の責任を追求すべきだろう。

注1 「読経」は台湾の学者、王財貴氏が九〇年代半ばに提唱したもので、大量に古典を暗誦しさえすれば子どもは賢く育つと説いた。この説が二〇〇五年頃に中国で「読経運動」ブームを巻き起こし、多くの保護者が子どもたちを学校教育から私設「読経堂」に鞍替えさせた。

注2 『論語』八佾第三。孔子が大廟に入って祭典の任に当たったとき、事ごとに係の人にその作法について質問した。それをある人が嘲って「あの田舎者のせがれが礼に通じているなどとは、いったい誰が言い出したことなのだ。大廟に入って事ごとに質問しているではないか」と言った。孔子はこれを聞いて、「(知っていると思う事柄でも)慎重にきくのが礼なのだ」と答えたという。

注3 『論語』学而第一。

注4 『論語』為政第二。

■**訳者　而立会**（じりつかい）

NPO法人日中翻訳活動推進協会（而立会）。2004年三潴正道氏が中国の良書を日本に紹介し日中の相互理解を深めることを目的に設立したグループ。2010年NPO法人化。
本書の訳者　井田綾、陰京平、有為楠君代、上山明英、相原郁子、及川佳織、長田格、北山泰子、栗田久里子、清本美智子、小山龍彦、三枝博、齋藤安奈、下山リティン、高崎由理、張進旺、陳玉雄、丁彦、徳山佳樹、富窪高志、中村邦子、西暢子、平間初美、廣瀬篤子、廣津明果、古屋順子、宝賀紀子、星野勝樹、水野江文、三好航平、三好浩子、牟礼朋子、望月霞、安場淳、山口学、吉田祥子、吉村學、渡邉麗子（五十音順、敬称略）

■**校閲者**　金子伸一、高崎由理、古屋順子、柳川俊之

■**監訳者　三潴正道**（みつま まさみち）

1948年生まれ。東京外国語大学大学院修了。現在麗澤大学外国語学部客員教授、NPO法人日中翻訳活動推進協会（而立会）理事長、(株)グローヴァ・研修事業部顧問。時事中国語・日中異文化コミュニケーションの専門家。企業の中国研修講師として広く活躍。著書・訳書に、『「氷点」停刊の舞台裏』『必読！今、中国が面白い 2007年版（以降毎年出版）』（以上日本僑報社）、中国語論説体＆ビジネス中国語用テキストとして『論説体中国語 読解力養成講座』（東方書店）、『ビジネスリテラシーを鍛える中国語Ⅰ、Ⅱ』『時事中国語の教科書』シリーズ（以上朝日出版社）、『「人民日報」で学ぶ「論説体中国語」翻訳スキルⅠ』（浙江出版集団東京）など。2001年よりWeb上で毎週、中国時事コラム『現代中国放大鏡』を連載。

The Duan Press

必読！ いま中国が面白い Vol.12
シェア経済・キャッシュレス社会・コンテンツ産業の拡大……いま中国の真実は

2018年7月18日　初版第1刷発行
訳　者　　而立会（じりつかい）
監訳者　　三潴正道（みつま まさみち）
発行者　　段景子
発売所　　日本僑報社
〒171-0021 東京都豊島区西池袋3-17-15
TEL03-5956-2808　FAX03-5956-2809
info@duan.jp
http://jp.duan.jp
中国研究書店 http://duan.jp

2018 Printed in Japan.　　ISBN 978-4-86185-260-2　C0036

日本僑報社好評既刊書籍

日中対訳版・朗読CD付

大岡信 愛の詩集

大岡信 著
大岡かね子 監修 陳淑梅 訳
陳淑梅・奈良禎子 朗読

戦後の日本において最も代表的な詩人の一人、大岡信が愛を称える『愛の詩集』。大岡信の愛弟子・陳淑梅が中国語に訳した日中対訳版。

四六判136頁 並製 定価2300円＋税
2018年刊 ISBN 978-4-86185-253-4

中国人ブロガー22人の「ありのまま」体験記
来た！見た！感じた!! ナゾの国 おどろきの国

でも気になる国日本

中国人気ブロガー招へい
プロジェクトチーム 編著
周藤由紀子 訳

誤解も偏見も一見にしかず！SNS大国・中国から来日したブロガーがネットユーザーに発信した「100％体験済み」の日本論。

A5判288頁 並製 定価2400円＋税
2017年刊 ISBN 978-4-86185-189-6

中国政治経済史論

毛沢東時代（1949〜1976）

胡鞍鋼 著
日中翻訳学院本書翻訳チーム 訳

「功績七分、誤り三分」といわれる毛沢東時代はいかにして生まれたか。膨大な資料とデータを駆使し、新中国建国から文化大革命までを立体的に描き「中国近代化への道」を鋭く分析した渾身の大作。

A5判712頁 上製 定価16000円＋税
2017年刊 ISBN 978-4-86185-221-3

『日本』って、どんな国？

—初の【日本語作文コンクール】世界大会—
101人の「入賞作文」

大森和夫・弘子 編著
（国際交流研究所）

初の日本語作文コンクール世界大会入選集。54カ国・地域の約5千編から優秀作101編を一挙掲載！世界の日本語学習者による「日本再発見！」の作品集。

四六判240頁 並製 定価1900円＋税
2017年刊 ISBN 978-4-86185-248-0

対中外交の蹉跌

—上海と日本人外交官—

2018年3月
第二刷発行

片山和之 著

彼らはなぜ軍部の横暴を防げなかったのか？現代の日中関係に投げかける教訓と視座。大きく変容する上海、そして中国と日本はいかなる関係を構築すべきか？対中外交の限界と挫折も語る。

四六判336頁 上製 定価3600円＋税
2017年刊 ISBN 978-4-86185-241-1

習近平主席が提唱する新しい経済圏構想

「一帯一路」詳説

王義桅 著
川村明美 訳

習近平国家主席が提唱する新しい経済圏構想「一帯一路」について、その趣旨から、もたらされるチャンスとリスク、さらには実現に向けた方法まで多角的に解説している。初の邦訳本！

四六判288頁 並製 定価3600円＋税
2017年刊 ISBN 978-4-86185-231-2

李徳全

日中国交正常化の「黄金のクサビ」を
打ち込んだ中国人女性

石川好 監修
程麻／林振江 著
林光江／古市雅子 訳

戦後初の中国代表団を率いて訪日し、戦犯とされた1000人前後の日本人を無事帰国させた日中国交正常化18年も前の知られざる秘話。

四六判260頁 上製 定価1800円＋税
2017年刊 ISBN 978-4-86185-242-8

二階俊博 —全身政治家—

石川好 著

日本のみならず、お隣の大国・中国でも極めて高い評価を受けているという二階俊博氏。
その「全身政治家」の本質と人となり、「伝説」となった評価について鋭く迫る、最新版の本格評伝。

四六判312頁 上製 定価2200円＋税
2017年刊 ISBN 978-4-86185-251-0

日中翻訳学院のご案内

http://fanyi.duan.jp

「信・達・雅」の実力で日中出版交流に橋を架ける

日本僑報社は2008年9月、北京オリンピックを支援する勉強会を母体に、日中の出版交流を促進するため、「日中翻訳学院」を設立した。以来、「忠実に、なめらかに、美しく」（中国語で「信・達・雅」）を目標に研鑽を積み重ねている。

「出版翻訳のプロ」を目指す人の夢を実現する場

「日中翻訳学院」は、「出版翻訳」の第一線で活躍したい人々の夢を実現する場である。「日文中訳」や「中文日訳」のコースを設け、厳選された文芸作品、学術書、ビジネス書などのオリジナル教材を使って、高度な表現力を磨き、洗練された訳文を実現する。運営母体の日本僑報社は、日中翻訳学院で実力をつけた成績優秀者に優先的に出版翻訳を依頼し、多くの書籍が刊行されてきた。

当学院の学習者と修了生には、日本僑報社の翻訳人材データバンクへの無料登録に加え、翻訳、監訳の仕事が優先的に紹介されるという特典がある。自ら出版、翻訳事業を手がける日本僑報社が設立した当学院だからこそ、「学び」が「仕事」につながるというメリットがある。

一流の講師陣、中国の翻訳界と友好関係

日中翻訳学院は、日中翻訳の第一人者である武吉次朗氏をはじめとする実績豊富な一流の講師陣がそろい、一人ひとりに対応した丁寧な指導で、着実なステップアップを図っている。メールによる的確な添削指導を行う通信講座のほか、スクーリングでは、それぞれのキャリアや得意分野を持つ他の受講生との交流や情報交換がモチベーションを向上させ、将来の仕事に生きる人脈も築かれる。

中国の翻訳界と友好関係にあり、実力養成の機会や活躍の場がますます広がっている。